Der Mann der mit den Blumen spricht

Die Lebensgeschichte Dr. George Washington Carvers
von einem Freunde erzählt

Von
GLENN CLARK
Saint Paul, Minnesota, USA.

4. Auflage

TURM-VERLAG, BIETIGHEIM/WÜRTT.

Aus dem Englischen

THE MAN WHO TALKS WITH THE FLOWERS.

Ins Deutsche übertragen von Dr. Anna Gustavia Koch.

1969 TURM-VERLAG · 74308 BIETIGHEIM/WÜRTT.

Gesamtherstellung: Otto W. Zluhan, 74321 Bietigheim/Württ.

ISBN 3-7999-0001-2

Vorwort

Die Welt war ärmer, solange sie keine authentische Biographie des größten Negers der neuesten Zeit — wenn nicht aller Zeiten — in Buchform zur Verfügung hatte. Dieses Büchlein macht keinen Anspruch darauf, dieser Notwendigkeit völlig gerecht zu werden; aber es erfüllt einen Dienst, von welchem bis jetzt wenige Schriftsteller, die über Dr. Carver geschrieben haben, zu berichten wissen, obwohl sie es versuchten. Während dieses Büchlein die wichtigsten Begebenheiten seines äußeren Lebens einschließt, versucht es mit besonderer Aufmerksamkeit, die innere Seele dieses Mannes zu deuten und die geistigen Prozesse zu offenbaren, durch welche seine bemerkenswerten Entdeckungen ermöglicht wurden. Neben anderen Dingen erklärt es das Geheimnis seiner Macht, mit Blumen zu reden und dieselben zu veranlassen, ihm zu antworten.

Zwischen Dr. George Washington Carver und dem Schreiber dieses Büchleins besteht eine einzigartige geistige Freundschaft, wie man sie selten in der Welt findet. Keiner von uns beiden macht jemals einen wichtigen Plan, ohne den andern im Geiste davon zu unterrichten und zu befragen. Jeder,

der dieses Büchlein liest und dessen Geist zu erfassen sucht, ist eingeladen, Mitglied unserer kleinen „geistigen Familie“ zu werden. Des Autors wichtigster Grund, dieses Büchlein zu schreiben, war der Wunsch, daß alle, die es lesen, auch teilhaben möchten an der Kraft und Inspiration, welche sie empfangen können durch eine intime Freundschaft mit *dem Manne, der mit den Blumen redet.*

Dem geehrten Leser zum besseren Verständnis dieser Übersetzung

Es war im Sommer 1944, als ich das erstemal von Dr. George Washington Carver hörte und las, und zwar im Lager „Am Weitesten Draußen" (Camp Farthest Out), in welches ich mich für zehn Tage zu Studienzwecken und zur Erholung begeben hatte. Die Quäker-Hochschule in Whittier bei Los Angeles pflegt jeweils für zehn Tage an alle möglichen religiösen und wissenschaftlichen Gruppen ihre Gebäulichkeiten zu vermieten. Es war der idealste Platz, den man sich wünschen konnte. Mitten in einer Parkanlage mit alten Bäumen, herrlichen Blumen und Sträuchern lagen die Schulgebäude. Auf einer Anhöhe, von grünen Wiesen umgeben, befanden sich die langgestreckten Wohngebäude der Heimschüler. Es war eine Stätte der Harmonie und des Friedens, fernab der Welt und ihrem lauten Treiben.

Hier war es, wo etwa hundert Leute jeden Alters zu gemeinsamem Studium und zur Erbauung zusammenkamen. Der Tag begann um sieben Uhr mit Leibesübungen, Gesang und Musik auf einer Wiese, geleitet von dem allerseits beliebten Glenn Harding. Um acht Uhr rief die Glocke zum Frühstück. Von neun bis zehn war ein Vortrag über Kunst; für fünfzehn Minuten malte jeder, was immer der Geist ihm eingab. Zeichenpapier, Farbstifte, Wasserfarben usw. wurden zur Verfügung gestellt. Bei völliger Stille unter blühenden Bäumen kamen da allerlei oft erstaunliche Gebilde von Laienhand zustande. Dann wurden die Blätter gesammelt und, soviel es die Zeit erlaubte, von der vortragenden Malerin, Frau Boyer, erklärt. Oftmals erriet sie innere Zustände einer Seele, und manches psychologische Rätsel wurde von ihr gelöst. Daß da Heiteres und Ernstes wechselte, ist selbstverständlich. Von zehn bis zwölf Uhr lauschten wir im Auditorium den Vorträgen von Dr. Glenn Clark und Starr Daily, wobei namentlich die Diskussionen am Schluß interessant waren.

Nach dem Mittagsmahl pflegten alle eine Stunde der Ruhe. Um zwei Uhr begann ein Vortrag über Literatur, wobei ebenfalls für fünfzehn Minuten Schöpfungen der freien Phantasie in Poesie und Prosa verlangt wurden. Dann wurden Stichproben verlesen, wobei der Humor auch auf seine Rechnung kam. Später fanden sich einige Gebetsgruppen zusammen, die teilweise von besuchenden Lehrern geleitet wurden. Kurz, es fehlte nie an Abwechslung. Selbstverständlich wurde auch der Gesang gepflegt.

Gerne schaue ich auf jene Zeit zurück, die sich

von Jahr zu Jahr für viele jeweils an anderen Plätzen und in anderen Staaten immer wiederholte. Diese Lager werden nur von Laien-Predigern geleitet.

Als begeisterter Anhänger von Dr. Carver trat ich später mit ihm in Briefwechsel. Die freundlichen Ratschläge und Ermahnungen in seinen Briefen sind immer ein Ansporn für mich gewesen und bleiben ein teures Andenken an diesen wunderbaren Mann.

The Bridge Builder

An old man going a lone highway
Came at the evening cold and gray
To a chasm vast and deep and wide.
The old man crossed in the twilight dim.
The sullen stream had no fears for him;
But he turned when safe on the other side
And built a bridge to span the tide.

"Old man," said a pilgrim near,
"You are wasting your strength building here;
Your journey will end at the ending day,
You never again will pass this way;
You've crossed the chasm deep and wide,
Why build this bridge at evening tide?"

The builder lifted his old gray head —
"Good friend, in the path I have come," he said,
"There followeth after me today
A youth whose feet must pass this way.
This chasm that has been as naught to me
To that fair-headed youth may a pitfall be.
He too must cross in the twilight dim,
Good friend, I am building this bridge for him."

Dichter unbekannt.

Der Brückenbauer

Auf einsamem Weg zog ein alter Mann.
Der kam am Abend kalt und grau
Bei einer tiefen Schlucht nun an,
Mit wirbelnden Wassern, er kennt sie genau.

Und furchtlos kreuzt er im Dämmerschein
Den reißenden Strom und schaut zurück,
Als wolle er sagen: „Es muß ja sein"
Und baut eine Brücke mit wissendem Blick.

Ein Pilger fragte: „Was tust du hier?
Verschwendest Zeit und letzte Kraft.
Du dünkst mir alt und gebrechlich schier,
Hast sicher im Leben genug geschafft.
Du wirst diesen Weg wohl kaum wiedersehn,
Gekreuzt hast du den brausenden Fluß;
Wozu die Brücke, drauf andere gehn?
Wohl kaum wird sie wieder betreten dein Fuß."

Der Alte hob den Kopf und sprach:
„Mein Freund, auf dem Pfad, auf dem ich ging,
Folgte ein Jüngling von ferne nach,
Ein junges Blut, mir nicht gering.
Sein Fuß muß kreuzen die schaurige Schlucht,
Was mir gewohnt und leicht erschien,
Mag ihn verderben, wenn er's versucht,
Ich baue deshalb die Brücke für i h n!"

1. Teil

Der Mann, der immer eine Blume im Knopfloch trug

Ich mußte lächeln über die Art, wie Jim sein Hütchen auf dem Kopfe trug. Etwas an seinem Haar — oder vielleicht unter seinem Haar — verhütete, daß Jim Hardwick jemals einen Hut richtig gerade sitzen hatte; vielmehr saß er stets in einem eleganten Winkel schief auf dem Kopfe. Jims breite Schultern, sein energischer Schritt und sein ernstes, spartanisches Gesicht deuteten eher auf einen Fußballspieler — der er einst mit Begeisterung gewesen war — als auf einen ordinierten Pastor des Evangeliums, welches Amt er nun mit allem Eifer versah. Wenn er mit seinem weichen, dem Süden eigenen Tonfall zu sprechen begann, erweckte seine Stimme ein romantisches Echo in jedem jungen Herzen, und es war packend, ihm zuzuhören und Zeuge zu sein, wie er die Jugend zu Christus zurückführte. Es kam einem so vor, als ob man sich durch einen engen Pfad hindurchgearbeitet hätte, dem einladenden Sonnenaufgang entgegen. Wenn Jim über „Die Macht des Gebetes" zu reden begann, ließ er, wo immer er hinkam, verändertes Leben zurück.

Selten bin ich auf meinem Lebenswege einem Menschen begegnet, der junge Männer und Frauen, die ernstlich Gott suchten, so begeistern konnte wie Jim. Natürlich fragte ich ihn eines Tages, wie er diese verborgene Macht entdeckt hätte. „Durch einen alten Neger in Alabama", war seine Antwort. „Durch einen alten Neger?" rief ich erstaunt. Jim nickte bejahend und sagte: „Es war das bedeutendste Ereignis in meinem Leben. Haben Sie jemals von George Washington Carver aus Tuskegee gehört? In der Stadt, wo ich wohnte, wurde ein Vortrag von ihm angekündigt. Er sollte über seine Erfahrungen, d. h. Forschungsergebnisse bezüglich der Erdnuß berichten. Ich ging natürlich auch hin in der Erwartung, etwas Wissenschaftliches zu lernen. Statt dessen ging ich heim mit einem größeren Wissen über den Begriff „Beten", als ich es jemals in einem theologischen Institut gelernt hatte. Es bedeutete für mich die Krönung des Abends, als sich der alte Herr am Ausgang, wo ich mich in meiner Begeisterung aufgestellt hatte, zu mir wandte und sagte: „Ich möchte, daß Sie auch einer meiner Jungens werden." — Dies war der Anfang der Geschichte.

Ich blickte Jim überrascht an und bemerkte: „Sie müssen sich wohl sehr geehrt gefühlt haben, daß er von allen Zuhörern gerade Sie erwählt hatte." „Nein", antwortete Jim gedehnt, „das Gegenteil war der Fall. Seine Wahl hätte mir beinahe den ganzen Vortrag verleidet. Sie müssen nämlich wissen, daß mein Großvater Sklavenhalter gewesen ist. Daher war das Vorurteil gegen Neger im Süden eine ganz natürliche Sache. Daß ein ‚Nigger' (ein Schimpfwort) sich vermaß, mich in seine Familie aufzunehmen, war für meinen Stolz eher eine unerhörte Beleidigung als ein Vorzug. In dieser Stimmung ging ich nach Hause. Ich versuchte, Dr. Carver aus meinen Gedanken zu verbannen, umsonst. Die Wirkung seines Vortrages verließ mich nicht. Einige Abende später, als ich in einer großen Not Hilfe suchte, wandte ich mich — mir beinahe unbewußt — an den großen Wissenschaftler, von dem ich wußte, daß er seinen Gott in Hügeln, Wäldern und Feldern gefunden hatte. Beinahe augenblicklich war es mir, als fülle sich mein Zimmer mit seinem Geiste. Und sein Geist war weiß — hören Sie gut! — so weiß wie der irgendeines Heiligen im Himmel. Ein großer Friede überkam mich, und alle meine Schwierigkeiten fielen von mir ab. Seit jener Zeit fand ich, daß schon der bloße Gedanke an den lieben alten Herrn eine Atmosphäre um mich schuf, in der mir Gott sehr nahe kam, gerade wie eben jetzt auch."

Dies also war die Quelle von Jims Kraft!

Im nächsten Jahr brachte Jim seinen Freund Howard Frazier mit zu unserem Jugendlager, dem

“Camp Farthest Out”, welches ich leitete. Bald wurde ich mir der feinen geistigen Einstellung dieses jungen Mannes bewußt und hörte nebenbei, daß auch er seine Inspiration von Doktor Carver empfing; auch er war in dessen inneren geistigen Kreis — oder Familie — aufgenommen worden. Seitdem verging kaum ein Jahr, daß ich nicht dem einen oder andern von Doktor Carvers „Jungen“ begegnete. Das stille Wirken und der große Einfluß dieses ungewöhnlichen Mannes auf so viele Seelen, die meinen Lebensweg kreuzten, erweckten in mir den sehnlichen Wunsch, diesen großen geistigen Heiligen kennenzulernen, dessen Ruhm schon weit über die Grenzen seiner kleinen Stadt Tuskegee hinausging. Die Erfüllung dieses Wunsches aber schien in beinah unerreichbarer Ferne zu liegen; deshalb setzte ich mich hin und schrieb ihm einen Brief. Mit umgehender Post empfing ich seine Antwort. Sie lautete: „Ich betete gerade, daß Sie mir schreiben möchten. Da kam Ihr Brief an.“ Von diesem Augenblick an wußte ich, daß auch ich einer von Doktor Carvers „Jungen“ war.

Einige Wochen nach Erhalt dieses Briefes wurde ich gebeten, eine Reihe von Vorträgen für eine Gruppe in Dr. Harry Emerson Fosdicks Kirche zu halten. Ich schrieb Dr. Carver, er möchte für mich beten, daß Gott durch mich sprechen wolle. Ich befand mich im Zug, als der Brief ihn erreichen mußte. Selbst die Minute war mir bewußt; denn mein Abteil war plötzlich von himmlischem Licht überflutet, und ich wußte, daß Gott mir nahe war. Sicher war Gott mit mir auf der Reise und redete durch mich, als die Zeit gekommen war. Diese Erfahrung bestärkte mich in meinem Entschluß, Dr. Carver aufzusuchen. Aber dieser Traum erfüllte sich nicht vor dem Sommer 1935. Inzwischen schrieb Jim: „Ich habe für Sie ein 'Camp Farthest Out' vorbereitet, das im Süden abgehalten werden soll und für welches Sie und Dr. Carver als die einzigen Leiter bestimmt sind. Dieses Lager soll nur von ‚Laien' geleitet werden. Das trifft sich gut. Sie als Lehrer der Literatur, ein weißer Mann aus dem Norden, Dr. Carver als Wissenschaftler, ein Neger aus dem Süden, die beide ihren Gott auf verschiedenen Wegen suchen. Das müßte doch eine wundervolle Gelegenheit für Sie sein. Können Sie kommen?"

Ob ich kommen konnte! Ich würde, wenn nötig, mein Haus verschulden, um meine Reise und meinen Unterhalt selbst zu bestreiten. So ungefähr schrieb ich in meinem Enthusiasmus. Aber trotz Jims Begeisterung sollte diese Begegnung nicht stattfinden. Erstens schien es, daß mich zu wenig Leute im Süden kannten, und wenn sie mich kannten, dann lag ihnen nichts daran, mich zu hören. Zweitens hatten viele Leute ein Vorurteil dagegen, in ein Lager zu kommen, wo einer von den Rednern ein Neger war. Aber selbst wenn nur sieben oder acht teilgenommen hätten, wäre ich zufrieden gewesen. Jim aber war nicht meiner Meinung. Er schrieb, wenn nicht mindestens 25 Leute für zwei Wochen an dem Lager teilnähmen, könnte es nicht stattfinden. Einige Tage später erhielt ich von Jim ein Telegramm, daß sich bis zur Stunde nur acht Leute gemeldet hätten und daß er deshalb jedem abtelegraphiert habe.

Das war eine große Enttäuschung für mich, weniger, weil das Lager ausfallen mußte, als daß ich nun keine Gelegenheit hatte, Dr. Carver kennenzulernen.

„Es tut mir wirklich leid, daß Jim so rasch gehandelt hat“, sagte ich zu meiner Frau. „Wenn auch bis jetzt nur acht zugesagt hatten, so hätten es doch bis zu Beginn 25 sein können. Auch weiß Jim ganz genau, daß ich bereit gewesen wäre, alle meine Reisekosten selbst zu bestreiten; denn ich wäre nicht zum Lager gegangen, um meine Auslagen gedeckt zu sehen, sondern um einer großen Seele zu begegnen.“ Nach einer kleinen Pause fügte ich noch hinzu: „Ich bin überzeugt, daß wir bis morgen ein anderes Telegramm erhalten werden, welches besagt, daß ich kommen soll. Ich weiß, daß es vom Schicksal bestimmt ist, daß Dr. Carver und ich zusammenkommen und bin überzeugt, daß nichts diesen Plan umstößt.“

Und siehe da, der nächste Tag brachte ein anderes Telegramm, aber nicht von Jim, sondern vom Süden. Ein Freund aus Bristol, Tennessee, telegraphierte, er hätte gehört, das "Camp Farthest Out" wäre abgesagt worden, daher habe er meinen Namen einem Komitee vorgeschlagen, welches Leiter suchte für eine Zusammenkunft in Ridgecrest, North Carolina, um vor 800 Mädchen aus den 18 Südstaaten zu reden. Der von London erwartete Bischof könne nicht kommen, deshalb wünschten die Herren zu wissen, ob es mir möglich wäre, ihn zu vertreten. Sehr glücklich telegraphierte ich, daß ich gerne käme, natürlich ohne den Platz des Bischofs von London einnehmen zu wollen.

Und so geschah es, daß durch Gottes Fügung mein Wunsch, nach dem Süden zu fahren und Dr. Carver zu begegnen, erfüllt wurde. Anstatt zu 8 Zuhörern sollte ich vor einer Gruppe von 800 Mädchen sprechen, und anstatt meine Auslagen selbst zu tragen, wurden sie mir ersetzt. Jim schrieb, daß er die acht, die damals durch das Nichtzustandekommen des ersten Lagers enttäuscht gewesen waren, gebeten habe, nach Ridgecrest zu kommen, um mich zu hören.

Lange bevor ich auch nur von Dr. Carver gehört hatte, hatte ich mich daran gewöhnt, das Scheitern eines Vorhabens ohne Verstimmung hinzunehmen. Ich hatte herausgefunden, daß, wenn ich mich völlig Gottes größerem Plan unterordnete und dankbar-freudig die Geschehnisse hinnahm, wie sie kamen, die anscheinenden Enttäuschungen des Lebens Gottes Pläne förderten; denn ich war überzeugt, er würde keine Türe vor mir schließen, ohne eine andere für mich zu öffnen.

Ich fuhr also nach Ridgecrest, einem wundervollen Ort, und sprach an drei Tagen zu den 800 glücklichen Mädchen aus den Südstaaten. Am nächsten Tage war ich unterwegs in einem Auto nach dem Mekka meiner Träume, Tuskegee, wo der alte schwarze Mann seine magischen Wunder im eigenen Märchenland vollbrachte.

„Sie müssen wissen“, sagte Jim, indem er auf die weiten Ebenen wies, durch die wir fuhren, „daß in diesem Land einst nur Baumwolle angepflanzt wurde. Als aber Dr. Carver nach Tuskegee herunterkam, stellte er bald fest, daß der ausschließliche Anbau von Baumwolle den reichen Boden Alabamas ermüdete, wodurch die schon verschuldeten Farmer vollends verarmten. Er gab darum kleine landwirtschaftliche Schriften heraus und hielt überall Vorträge, in denen er den Farmern dringend riet, mit den Kulturen zu wechseln.

Er betonte, daß die Süßkartoffel und die Erdnuß Pflanzen seien, welche diese Erde in großer Menge hervorbringen könnte. Er schlug vor, mit Baumwolle, Erdnüssen und Süßkartoffeln abzuwechseln.

Als die Farmer schließlich in großer Zahl seinem Rat folgten, machten sie die Entdeckung, daß sie mehr produzierten, als der Markt verbrauchen konnte.

Dr. Carver mußte einsehen, daß er zwar ein Problem günstig gelöst hatte, daß aber daraus eine zweite, noch ungelöste Aufgabe erwuchs. Es schien nun ein wirkliches Verhängnis zu sein, das ihm viel zu schaffen machte. Um diese Schwierigkeit zu beheben, wandte er sich nicht etwa mit der Bitte um geldliche Unterstützung an die Regierung, noch empfahl er die Herabsetzung der Anbaufläche. Vielmehr nahm er das Problem in seinem chemischen Laboratorium in Angriff und fand dort die Lösung. Er fand 300 verschiedene Möglichkeiten heraus, wie man die Erdnuß verwenden konnte, und 150 für die Süßkartoffel. Noch ehe er damit fertig war, hatte er die Landwirtschaft des Südens neu aufgebaut.

Edison bot ihm eine ungeheure Summe, wenn er zu ihm kommen und ihm helfen wolle. Er lehnte es ab. Einige Jahre später lehnte er abermals ein Angebot von hunderttausend Dollar einer anderen Firma ab, um sich ungeteilt der Rettung der Farmer im Süden widmen zu können. Auch heute verlangt er keinen Lohn. Er trägt einen alten schwarzen Anzug, den er für zwei Dollar gekauft hat; aber man wird ihn immer mit einer Blume im Knopfloch finden."

„Vielleicht die wichtigste Begebenheit in Dr. Carvers Leben", fuhr Jim fort, „war seine Einladung nach Washington. Dort tagte ein Senatsausschuß zwecks Beratung eines Steuergesetzentwurfs. Fand er Annahme, dann wurden die Farmer der Südstaaten ausgeschlossen. Diese aber waren außerordentlich daran interessiert, in die neue Steuergesetzvorlage eingeschlossen zu werden. Unter denjenigen, die als Redner vorgeschlagen waren, befand sich auch Dr. Carver. Als er in Washington den Zug verließ, fragte er einen Dienstmann, der es anscheinend eilig hatte, in welcher Richtung das Weiße Haus läge."

„Sorry, Pop" (bedaure, Papa), rief dieser, „ich habe jetzt keine Zeit, Ihnen das zu erklären. Wir warten nämlich auf einen großen Wissenschaftler, der von Alabama hier eintreffen soll."

Dr. Carver wurde als letzter von zwölf Rednern vorgesehen. Die Redezeit war für jeden einzelnen auf zehn Minuten festgesetzt worden. Als Dr. Carver endlich vortrat in seinem alten Frack und mit einer simplen Krawatte, brach die Kommission in schallendes Gelächter aus. Einer rief: „Was wissen denn Sie über das Hawley-Smoot-Steuergesetz?" „Nicht viel", antwortete Dr. Carver, „aber eines weiß ich, nämlich daß es sich darum handelt, den andern Mann auszuschließen." Die Herren begriffen, was er damit sagen wollte; denn als er zehn Minuten gesprochen hatte, wie es für alle in Aussicht genommen worden war, baten, ja drängten sie ihn weiterzureden. Sie ließen ihm sogar volle Freiheit in der Dauer seiner Rede. Während einer Stunde und fünfundvierzig Minuten zeigte er ihnen die hauptsächlichsten Erzeugnisse wie Gesichtspuder, Maschinenfett, Druckerschwärze, Milch, Rahm, Butter, Shampoon, Kreosot, Essig, Kaffee, Seifen, Salate, Holzbeizen, Ölfarben usw. usw. Es ist überflüssig zu berichten, daß die Erdnuß in das Steuergesetz eingeschlossen wurde.

„Dies aber war nicht das einzigemal, daß Dr. Carver nach Washington gerufen wurde", fuhr Jim fort. „Während des ersten Weltkrieges, als das Heer den meisten Weizen beanspruchte, da hatten wir fleischlose, weizenlose und zuckerlose Tage, während man im Institut von Tuskegee durch die Verwendung von Süßkartoffelmehl, das mit Weizen vermischt wurde, täglich 200 Pfund Weizen einsparte und obendrein noch ein besseres Brot buk als vorher."

Diesmal galt sein Besuch nicht einer Erdnuß-, sondern einer Süßkartoffel-Ausstellung. Die anwesenden Sachverständigen waren sprachlos vor Staunen, was dieser einfache Mann zu zeigen hatte und scharten sich um ihn, um mehr zu hören. Nach der Konferenz sprach sich Dr. David Fairchild, der Leiter des Landwirtschaftsministeriums der Vereinigten Staaten, der auf landwirtschaftlichem Gebiete mancherlei Entdeckungen gemacht hatte und ein sehr berühmter Mann war, über Dr. Carver wie folgt aus: „Er ist einer der bedeutendsten und außergewöhnlichsten Köpfe, denen ich je begegnet bin."

Hier unterbrach ich Jim und bat ihn: „Erzählen Sie mir doch mal, was Dr. Carver alles aus Süßkartoffeln gemacht hat." Jim antwortete: „Dr. Carver wurde eines Tages gefragt, ob er nicht etwas für Zuckerkranke tun könnte. Da ging er in sein Laboratorium und betete. Fast zur selben Stunde fand er eine Methode zur Herstellung eines Mehles, das süß und zugleich schmackhaft war und doch nicht den geringsten Zuckergehalt aufwies. Eine wahre Delikatesse für Zuckerkranke.

Eines Tages bemerkte er, daß eine ganze Menge verdorbener kleiner Kartoffeln auf den Abfallhaufen geworfen werden sollten; denn die Süßkartoffel ist wie alle Knollengewächse leicht verderblich. Er verwandelte diese für den Markt unverwendbaren Kartoffeln in ein Material, das anstatt einer Stärke gebraucht werden kann, die wir bis dahin von Westindien und Südamerika einführen mußten und die unter dem Namen ‚Cassava-Stärke' bekannt ist."

Hier unterbrach ich Jim und fragte: „Wozu wird diese Cassava-Stärke benützt?" „Für Textilindustrien, auch als Klebstoff zum Bestreichen unserer Briefmarken."

So waren selbst die Briefe, die ich an Dr. Carver schrieb, mit Marken versehen, deren Klebstoff seine Erfindung war.

Mittlerweile waren wir in Tuskegee angekommen. Tuskegee ist eine einzigartige Lehranstalt mit typischen Bauten wie alle derartigen College-Anlagen, aber mit einem bestimmten persönlichen Gepräge, das man augenblicklich fühlt, sobald man den Grund und Boden betritt. Überall liefen junge, schwarze Studenten umher, nett gekleidet, mit guten Manieren und ebenso gut gebildet wie der Durchschnittstyp des weißen Studenten.

Zuerst begaben wir uns in Dr. Carvers Laboratorium. „Dies", bemerkte Jim, „nennt er ‚Gottes kleine Werkstatt'." Aber der Gesuchte war nicht da. „Lassen Sie uns in seinem Arbeitszimmer nachsehen", schlug Jim vor. Wir fuhren zurück in der Richtung auf das Wohngebäude für Männer, wo der Gesuchte zwei Zimmer bewohnte. Wir sahen Dr. Carver schon am Eingang des Gebäudes stehen, eine hohe Gestalt, dunkel, schlank, kräftig und gelenkig, leicht vornüber gebeugt, das Gesicht sehr dunkel, mit fast versteckten Augen, da sie so tief in den mysteriösen Regionen tiefdunkler Augenhöhlen lagen. Ich erkannte ihn sofort nach der mir gemachten Beschreibung. Und natürlich, da war auch die Blume im Knopfloch. Wir stiegen aus dem Auto. Jim Hardwick ging auf seinen Freund zu, um ihn zu begrüßen. Da bemerkte ich die tiefe Zuneigung, die Dr. Carver für seine „Jungen" hegte. Einige Minuten war er ganz Auge und Ohr für Jim. „Nun, nun!" rief er, „wenn das nicht Jimmy ist! Was führt Sie hierher? Es ist schon lange her, daß wir uns nicht gesehen haben." Dabei brach er in freudiges Lachen aus, bewegte sich vergnügt hin und her und ließ ab und zu einen zärtlichen Ausruf hören. Dann klang seine Stimme hoch, scherzend, und dennoch zog sich ein musikalischer Faden durch die höchsten Noten.

„Ich möchte Ihnen Glenn Clark vorstellen", sagte Jim, worauf Dr. Carver rief: „O, mein lieber Freund, wie lange habe ich auf diese Begegnung gewartet!" Dabei ergriff er herzlich meine Hand. Dann fügte er in bedauerndem Ton hinzu: „Ich fürchte, Sie haben den falschen Tag gewählt. Es wird mir kaum möglich sein, mich Ihnen zu widmen."

Was? Sollte er nun nach den jahrelangen Bemühungen keine Zeit für mich haben? Ich wollte meinen Ohren nicht trauen. Doch der gütige alte Mann gab uns gleich Aufschluß über den Grund seiner Verhinderung. Neben anderen Entdeckungen hatte er anscheinend aus der Erdnuß ein Öl gewonnen, das bei sachgemäßer Anwendung eine große Hilfe bei der Behandlung von spinaler Kinderlähmung bedeutete.

„Jeden Samstagnachmittag", erklärte Dr. Carver, „kommen diese Kranken von 1 Uhr bis zur Schlafenszeit zu mir geströmt. Sie können verstehen, daß mir da nicht eine Minute für mich selbst verbleibt. Ich halte diesen Tag und den Sonntag heilig für diese Kranken. Ich lade sie immer ein zu kommen, ausgenommen wenn es regnet."

Das war gewiß eine erstaunliche, für mich aber leider traurige Erklärung. Als ich aber einen Augenblick in das liebe, faltige Gesicht geschaut hatte, kehrte meine Zuversicht zurück. Gott hätte mich gewiß nicht Tausende von Meilen hierher geführt — so dachte ich —, wenn es nicht seine Absicht gewesen wäre, uns zusammenzuführen.

Jim sagte nun zu mir: „Lassen Sie uns einstweilen zu Mittag essen. Wir werden so gegen 1 Uhr zurück sein und sehen, wie die Dinge liegen." Während des Mittagessens, das wir in einer kleinen Neger-Gaststätte nicht weit vom College einnahmen, sagte ich zu Jim: „Ich weiß, es wird regnen." Jim antwortete: „Es sieht nicht danach aus." Doch der reine, hohe Zweck dieser Zusammenkunft sollte erfüllt werden. Als wir zu „Gottes kleiner Werkstatt" zurückkehrten, konnten wir kaum aus dem Auto steigen, in solchen Strömen ging der Regen nieder. An diesem

Tag kamen keine Kranken zu Besuch. Wir hatten den ganzen Nachmittag für uns. Und dieser Nachmittag, den Gott uns schenkte, wurde mir zum herrlichsten Erlebnis. Ich staunte nicht mehr über das Wunder der Teilung des Roten Meeres, das die Israeliten erfuhren; denn als ich zum Himmel aufsah, schien es, als ob das ganze Rote Meer über Tuskegee herniederging, so daß wir beide von hohen Dingen reden konnten, die unsere Herzen und Seelen erfüllten.

Zuerst führte uns Jim hinüber zum Laboratorium. Dann sagte er: „Ich lasse Sie beide ein Weilchen allein. Geben Sie mir Bescheid, wenn Sie fertig sind; dann fahre ich Sie zum Wohngebäude zurück."

„Hier ist das", begann Dr. Carver, „was ich ‚Gottés kleine Werkstatt' nenne." Und im nächsten Augenblick betraten wir den Umkreis des Wunderplatzes.

„Niemals werden Bücher hierhergebracht", erklärte Dr. Carver. „Und wozu wären denn hier auch Bücher nötig? Hier rede ich zur kleinen Erdnuß, und sie offenbart mir ihre Geheimnisse. Ich halte mich dabei an den 29. Vers des ersten Kapitels im Buche Moses. Und Gott sprach: ‚Sehet da, ich habe euch gegeben allerlei Kraut, das sich besamet, auf der ganzen Erde, und allerlei fruchtbare Bäume, die sich besamen, zu eurer Speise'."

„Welch anderes Material benötigen wir außer diesem Versprechen?“ fuhr Dr. Carver fort. „Hier rede ich zur Erdnuß und zur Süßkartoffel und zu dem Lehm von den Hügeln, und sie geben mir Antwort. Hier vollziehen sich große Wunder.“

Bei diesen Worten deutete er auf eine Reihe Flaschen an der Wand, welche Proben von 300 Forschungsergebnissen aus seiner Arbeit an der Erdnuß enthielten. „Nein“, verbesserte sich Dr. Carver lächelnd, „es sind ja 301; denn heute morgen kam eine neue Entdeckung hinzu.“

Wunder über Wunder! Was wird sich noch alles ereignen, fragte ich mich selber, wenn dieser alte Mann noch einige Jahre lebt? „Und hier in den oberen Fächern“, erklärte Dr. Carver weiter, „sind die Proben der Tonerden. Auch hier ist kein Buch nötig, nur ein weiterer Fingerzeig Gottes!“

„Ich hebe meine Augen auf zu den Bergen,
von denen mir Hilfe kommt.“

„In meinem Zimmer“, fuhr er fort, „will ich Ihnen die verlorengegangene ägyptische Farbe zeigen. Sie wurde aus Lehm gewonnen. Dieser Lehm findet sich nur noch an einer einzigen anderen Stelle. Die Farbe ist ein tiefdunkles Violett von großer Schönheit.“

„Wie fanden Sie diese verlorengegangene Farbe?“ wünschte ich zu wissen.

„Eines Morgens sprach ich mit Gott, und er führte mich dahin, wo ich die Erde fand.“

Ich starrte ihn an. Er sah es nicht; denn er betastete zärtlich die Tonerde, als ob es ein lebender Organismus wäre. „Und als ich meine Freunde an den Platz führte“, fuhr Dr. Carver fort, „mußten sie mir den Lehm herausgraben. Als sie noch weitergraben wollten, sagte ich: ‚Es ist nicht nötig; denn was wir bis jetzt bekommen haben, ist alles, was zu erwarten ist.‘ So war die Weisung Gottes. Und zu ihrem Erstaunen war tatsächlich nach einem weiteren Versuch nichts mehr von dieser Erdart zu finden.“

Sokrates befragte seinen Dämon, Seneca seinen Genius, Orestes sein Orakel, aber George Washington Carver hielt seine intime Zwiesprache mit seinem „lieben Schöpfer“.

Ich konnte den Blick nicht von dem Mann wenden, als er mir die Wunder der Erdnuß und der Süßkartoffel offenbarte; aber größer als alle Wunder, die er vollbrachte, war das Wunder seiner selbst. Und auch ich wandte mich mit Danksagung an meinen lieben Schöpfer, der mich an diesem Regentage zu diesem Gottesmanne geführt hatte. Ich dankte Gott für das wunderbare Ineinanderweben der Ereignisse, die es uns ermöglichten, heute zusammen zu sein.

Ehe wir „Gottes kleine Werkstatt“ wieder verließen, schlug Dr. Carver ein Gebet vor. Ich faßte seine Hände und mit gebeugtem Haupte beteten wir. Viele Leute denken, daß Beten so eine Art Geistesgymnastik bedeutete, durch die man sein Inneres beruhigen und seine Seele zufriedenstellen könnte, während das Leben ringsum in seiner alten, betrügerischen, zerstörenden Weise unbekümmert weiterrollt. Andere wieder denken, daß Beten ein innerer Anschluß sei, mächtiger, weil unsichtbar, ähnlich und doch so unähnlich einem elektrischen Anschluß oder einer galvanischen Batterie. Ich gehöre zur letzteren Gruppe. Es ist eines jener Dinge, die nicht mit Auseinandersetzungen erledigt werden können; man muß sie selbst erleben. Mit Worten kann da nichts bewiesen werden; nur der Beweis durch die Tat zählt.

Immerhin glaube ich, daß, wenn zwei sich begegnen, die positiv ans Gebet glauben, namentlich wenn diese Begegnung den einen Beteiligten über Berge und Flüsse und Tausende von Meilen ans Ziel seiner Pilgerfahrt führte, die Macht des Gebetes dann besonders fühlbar ist.

Ich habe mit Sherwood Eddy in einem „Oberen Raum" (bekannter Bibelausspruch im Zusammenhang mit dem heiligen Abendmahl) gebetet. Ich kniete und betete in einem „Oberen Raum" mit Toyohiko Kagawa. Ich habe mit E. Stanley Jones und mit Muriel Lester und mit Bischof Anderson und mit vielen anderen geistig hochstehenden Leuten aus aller Welt gebetet. Dies waren gewiß erhebende und köstliche Gebete; aber niemals habe ich größeres, kraftvolleres Beten erfahren als an diesem Tage. Er, ein schwarzer Mann vom tiefen Süden, ich, ein Weißer vom fernen Norden. Er, dessen liebendes, großes Herz Weiße sowohl als Schwarze in sich aufgenommen und dann dem Vater übergeben hatte; ich, der ebenfalls den ganzen Norden, weiß und schwarz, in mein Herz nahm und dem Vater übergab. Er, der seinem Schöpfer im Reiche der Natur und der Wissenschaft nahe kam, während ich Ihn im Reich der Literatur und der Künste fand; keiner von uns ein Priester, Prediger oder Rabbiner, also nur einfache Laienbrüder. Und doch war da an diesem Tag eine Macht in unseren Gebeten, die mich seither immer begleitet hat. Denn wir beide glaubten unbedingt und restlos an die Macht Gottes, der Gebete erhört.

Dr. Carver unterbrach meinen Gedankengang, indem er sagte: „Und nun will ich Sie zu meinem Studierzimmer führen." Damit schlossen wir uns einer Gruppe draußen an, und er führte uns zu seinem Allerheiligsten. Wir waren unserer sieben. Außer Dr. Carver und mir, Jim und seiner Frau waren noch ein Professor und seine Frau von Ohio, sowie ein Kirchenvorstand von Florida anwesend. Die letzteren drei hatten zu spät erfahren, daß das

“Camp Farthest Out” abgesagt war und waren auch hierhergekommen, um Dr. Carver zu sehen. Und wer weiß, ob wir alle nicht mehr von diesem unformellen Nachmittag gehabt haben, als dies von Vorträgen und Diskussionen in einem Lager der Fall gewesen wäre?

Wir sieben waren zunächst sehr gespannt, das Bild zu sehen, das Dr. Carver mit der Farbe von den Alabama-Hügeln gemalt hatte.

Er brachte zuerst ein Gemälde mit Früchten. Nachdem wir es bewundernd besehen hatten, zeigte er uns ein wunderbares Gemälde mit Rosen. Wir hielten unsern Atem an.

„Wie haben Sie das gemalt?“ fragte jemand aus dem Kreise. „Mit meinen Fingern“, lächelte Dr. Carver. „Haben Sie diese Rosen kopiert?“ fragte ein anderer. „Ich kopiere niemals. Ich male nur, was ich in meinem Inneren sehe“, erklärte der Meister.

„Welcher Art ist das Material, worauf Sie diese Bilder malten?“

„Es ist ein Material, welches ich aus Maiskolben gewonnen habe.“

„Wo haben Sie die Farbe her?“ wollten wir wissen.

„Arbeiter waren gerade damit beschäftigt, ein neues Rohr unter meine Treppe zu legen. Da entdeckte ich die Tonerde, die ich zur Gewinnung dieser Farben benutzte.“

Hier machte Dr. Carver eine Pause und fügte lächelnd hinzu: „Als Sie über diese Schwelle kamen, liefen Sie buchstäblich auf Rosen."

Jemand warf ein — denn wir waren alle sehr neugierig —: „Ist es wahr, daß Sie sich auch selbst das Klavierspielen beigebracht haben und daß Sie sich durch Klavierspielen Ihr Studium verdient haben?" „Ja", antwortete er gelassen; „denn es gibt wirklich nichts, was ich nicht gern getan hätte, um meine Ziele verwirklichen zu können und wozu mir der Schöpfer nicht die Fähigkeit verliehen hätte, wenn ich ihn darum bat."

Einer von uns äußerte seine Bewunderung hierüber in begeisterten Worten.

„Nicht im geringsten", sagte der alte Mann, „es ist wirklich sehr einfach, wenn man mit dem Schöpfer zu reden versteht. Es kommt nur darauf an, den Herrn ernstlich zu suchen, und man findet Ihn. Sie erinnern sich, was Er in dem Bibelspruch sagt: ‚Die mich frühe suchen, finden mich.' Sehen Sie, ich folge Seiner Anweisung und finde Ihn."

Darauf fragten wir: „Suchen Sie Ihn buchstäblich früh?"

„Gewiß! Mein ganzes Leben lang bin ich morgens um vier Uhr aufgestanden und in den Wald gegangen, wo ich mit Gott rede. Da gibt er mir dann die Aufträge für den Tag. Wenn ich dann so allein mit der Natur und den Dingen zusammen bin, die ich am meisten liebe, suche ich das für mich Brauchbare zusammen und studiere die großen Aufgaben, welche die Natur so eifrig bemüht ist, uns zu geben. Wenn die Menschen noch im tiefen Schlaf liegen, vernehme ich Gottes Stimme am besten und lerne meine Lektion."

Aus dem Zuhörerkreis kam die Frage: „Können Sie uns die Methode beschreiben, die Sie anwenden."

„Ich habe niemals nach Methoden gesucht", antwortete der Gefragte schlicht. „Wenn ich inspiriert bin, etwas Neues zu schaffen, wird mir die Methode dafür im selben Augenblick geoffenbart. Ich lebe sozusagen im Walde. Da sammle ich meine botanischen Exemplare und lausche dabei, was Gott mir zu sagen hat. Nach solchen Morgengesprächen gehe ich in mein Laboratorium und beginne, die Wünsche Gottes für den Tag auszuführen."

Einer der Anwesenden fragte: „Können Sie sich entsinnen, wann Ihnen zum erstenmal Ihr Gebet erhört wurde?"

„Sehr gut", antwortete der Gefragte, „und zwar kam die überraschendste Antwort, als ich ein kleiner Knabe von fünf oder sechs Jahren war. Es war nämlich mein sehnlichster Wunsch, ein Taschenmesser zu besitzen. Ich war sehr lernbegierig und hatte großes technisches Interesse; ich war geradezu für Technik begabt. Können Sie sich so etwas vorstellen, ein Knabe und kein Taschenmesser? Eines Nachts betete ich zu Gott, meinem Vater, er möchte mir doch ein Taschenmesser schenken. Dieselbe Nacht hatte ich folgenden Traum. Mir träumte, daß draußen im Feld, wo die Mais- und Tabakreihen zusammentreffen, eine in zwei Hälften geteilte Melone lag. Die eine Hälfte war ausgehöhlt, die andere war schwer und voll und lehnte gegen drei Maispflanzen. Wer beschreibt mein Erstaunen, als ich aus der Melone den schwarzen Griff eines Taschenmessers herausschauen sah? Am nächsten Morgen konnte ich kaum erwarten, daß das Frühstück vorüber war, um mich ins Maisfeld zu schleichen, wo ich alles so fand, wie ich es im Traum gesehen hatte. In der Melone steckte tatsächlich mein Taschenmesser. Sein schwarzer Griff schaute daraus hervor."

Dieses Traumerlebnis versetzte die Zuhörer in großes Erstaunen, und in ihrem Wissensdurst fuhren sie fort zu fragen.

Jim wollte wissen: „Sie haben die Gewohnheit, mit einer Blume oder mit der Erdnuß zu reden und diese zu veranlassen, Ihnen ihre Geheimnisse zu offenbaren. Wie fangen Sie das an?"

„Sie müssen den Wesen nur genug Liebe entgegenbringen", sagte Dr. Carver. „Irgend etwas wird Ihnen schon sein Geheimnis preisgeben; Sie müssen es nur genug lieben. Ich habe gefunden, daß nicht nur meine kleinen Blumen und die Erdnuß, wenn ich mit ihnen rede, mir ihr Geheimnis kundgeben" — hier fuhr er wie im Selbstgespräche fort — „sondern daß dies auch der Fall ist in der stillen Vereinigung mit Menschen. Auch sie geben ihr Geheimnis preis, wenn man sie genug liebt. In einem vollgepackten Vortragsraum kann ich mit einem flüchtigen Blick die vergeistigten Menschenseelen herausfinden."

Hier fiel ihm Jim in die Rede, indem er meinte: „Das Traurige an der Geschichte aber ist, daß Sie auch die weniger vergeistigten Seelen herausfinden."

„Natürlich", rief Dr. Carver, „ich gebe Ihnen ein Beispiel: Letzte Woche brachte mir ein Mann seinen mit Kinderlähmung behafteten Sohn zur Behandlung. Leider mußte ich ihm gleich sagen: ‚Ich kann nichts für Sie tun.' Der Mann begann, mich vom Kopf bis zu den Füßen zu verfluchen und meinte, was einem alten ‚Nigger' bloß einfiele, so zu ihm zu reden. ‚Verdammt nochmal, warum können Sie meinem Sohne nicht helfen?' rief er."

„Deshalb nicht, weil meine Gebete und die Heilkraft meines Öles nie und nimmer die Gottlosigkeit und Lästerung aus Ihrem Herzen zu bannen vermöchten. So viel Ruchlosigkeit vermag jedwede Heilkraft unwirksam zu machen."

Dr. Clark fragte nun: „Hat Ihre Antwort diesen Mann nachgiebig gestimmt und geändert?"

„Im Gegenteil, es wurde ärger und ärger mit ihm."

Jim wollte wissen: „Haben Sie nachgegeben und Ihre Meinung geändert?"

„Wie konnte ich! Es hätte doch nichts genützt. Es blieb mir weiter nichts übrig, als ihn gehen zu lassen."

„Aber wie konnten Sie denn wissen, daß der Mann eine solche Einstellung hatte, ehe er überhaupt den Mund öffnete?" fragte jemand aus dem Kreise.

„Das ist die einfachste und leichteste Sache von der Welt", antwortete Dr. Carver. „Man weiß diese Dinge in demselben Augenblick, wenn eine solche Person das Zimmer betritt."

Der Professor von Ohio fragte: „Sie äußerten, daß Sie beten, wenn Sie das Öl einreiben. Ist es nun Ihr Gebet oder das Öl, was dem Leidenden am meisten hilft?"

„Es ist in der Hauptsache das Öl", gestand der Gefragte.

„Ich habe eine sehr gute Freundin", fuhr Dr. Carver fort; „sie ist Anhängerin der Christlichen Wissenschaft und möchte mich dazu bewegen, mein Vertrauen auf Kräuter und Öle aufzugeben. Aber ich sage ihr immer wieder: ‚Meine liebe Freundin, wie kann ich die Wirklichkeit der Materie leugnen, wenn die allerherrlichsten Dinge dieses Lebens

Gottes wundervolle Schöpfungen sind, die sich in der Natur offenbaren! Die Kräuter auf dem Felde, die Tonerden, die heilenden Salben und Öle. Ich denke, Gott hat alle diese Dinge in die Welt gesetzt, daß wir sie als Instrumente der Heilkraft benützen. Warum hätte er sie sonst erschaffen und in die Welt der Erscheinung gebracht?'"

„Nichtsdestoweniger bin ich der Meinung", flüsterte jemand im Kreise, „daß eine erstaunliche Heilkraft in Dr. Carvers Gebeten steckt."

„Ich kann mir vorstellen", bemerkte Dr. Clark, „daß alles, was Dr. Carver entdeckt oder erfindet, Heilkraft in sich trägt."

Jemand aus dem Kreise fragte: „Wie verhält es sich mit Gandhi? Ich habe gehört, daß Sie auf seinen Wunsch hin nach einem neuen Sojabohnengericht für den heiligen Vegetarier suchen."

„Gandhi ist ein Gottesmann", bestätigte Dr. Carver. „In seiner Art ist er eine der vergeistigtesten lebenden Seelen. Er hört auf Gott, und alles, was er tut, ist auf einer selbstlosen Grundlage aufgebaut. Dies ist die Quelle seiner Kraft."

„Und Edison?" fragte jemand. „Stimmen Sie mit denjenigen überein, die da sagen, er sei ein Atheist?"

Dr. Carvers Augen flammten auf, und er antwortete entrüstet: „Wie die Leute doch an leeren, althergebrachten Formen haften! Ihre Religion ist hohl, und ihre Gebete sind nicht wirksam genug, um auch nur bis an die Decke ihres Zimmers zu reichen. Derartige Leute nennen Edison einen Atheisten, weil er Gott nicht in derselben Weise anbetet wie sie. Edison ist einer der frömmsten Menschen. Ich stehe mit ihm in Briefwechsel, ebenso mit Gandhi, und ich weiß wirklich nicht, wer von beiden der größere Gläubige ist; denn beide wissen, daß das, was sie vollbringen, von Gott, dem Schöpfer kommt."

Dr. Clark bemerkte hier, daß er dies durch seine persönlichen Beziehungen zu der Familie Edison bestätigen könne; Frau Edison habe selbst eingestanden, daß ihres Mannes Erfolge auf geistiger Führung beruhten.

„Mein Mann", sagte sie mir, „ist immer natürlich und entspannt; aber er glaubt, daß seine Erfindungen von einer unendlichen Kraft in dem Universum kommen und daß sie niemals so vollkommen sind, als wenn er völlig entspannt ist."

Edison glaubt, daß die unter seinem Namen bekannt gewordenen 1500 Erfindungen ebenso gut durch einen andern hätten gemacht werden können, wenn nicht gerade er im rechten Augenblick dagewesen wäre.

Jim rief: „Dies erklärt Ihre Philosophie aufs beste, nicht wahr, Dr. Carver?" „Vollkommen", antwortete dieser. „Es ist doch so, daß nicht w i r kleine Menschen das Werk vollbringen, sondern unser herrlicher Schöpfer wirkt durch uns."

Da ließ sich jemand vernehmen: „Wie kommt es, daß so wenig Menschen diese Kraft haben?“ — „Sie könnten sie haben, wenn sie nur glauben wollten!“

Dann legte er seine Hand auf die neben ihm liegende Bibel: „Das Geheimnis liegt allein in den Verheißungen Gottes. Sie sind wahrhaftig; aber es gibt leider zu wenig Menschen, die glauben, daß es sich wirklich so verhält.“ Dann schlug er mit der Hand auf den Tisch und rief: „Sie sind aber dennoch wahrhaftig, felsenfest, ja unendlich stärker und wirklicher als dieser Tisch, an den der Materialist doch so gründlich glaubt. Wenn ihr nur glauben könntet! O, ihr Kleingläubigen!“

* * *

Meine zweite Begegnung mit Dr. Carver kam für mich — wie man zu sagen pflegt — ganz zufällig und völlig unerwartet. Meine Frau und ich verbrachten zwei Wochen in Selma im Süden, wo ich unverhofft von Jim Hardwick für eine größere Anzahl von Vorträgen verpflichtet worden war. Ich sollte nämlich vor der sporttreibenden Jugend von Schule und College von der Macht des Geistes auf dem Sportplatz reden. Eines Tages sagte Paul Grist, der gerade mein Gastgeber war:

„Verstehe ich recht? Sie sind ein Freund von Dr. Carver? Ich selbst und meine Frau sind ihm nie begegnet. Ich habe nun Ihre Vorträge auf heute festgelegt, und zwar einen auf acht Uhr früh und den andern auf acht Uhr abends. In der Zwischenzeit sind wir frei, so daß wir vier nach Tuskegee fahren können, wenn es Ihnen recht ist."

Ob mir das recht war! Es war mir wichtig, daß auch meine Frau meinen Freund kennen lernte. Wir fuhren über Montgomery und waren kurz nach dem Mittagessen in Tuskegee. Wir gingen geradeswegs ins Laboratorium, fanden aber den Gesuchten nicht; auch in seinem Arbeitszimmer war er nicht. Booker T. Washington gab uns den Rat, ihn in der landwirtschaftlichen Abteilung zu suchen. Dies war eine neue Abteilung für mich. Als wir dahin kamen, sahen wir, wie einige Neugierige, die Dr. Carver sehen wollten, abgewiesen wurden. Aber unbekümmert öffnete ich die Tür zu seiner Werkstatt, wo er mit einer kleinen Blume in der Hand und der üblichen Blume im Knopfloch saß. Sein neben ihm stehender Assistent trat vor, um seinen Herrn vor den Eindringlingen zu schützen; aber Dr. Carver wehrte ab. Während einer vollen Minute saß der Überraschte sprachlos da. Dann rief er ein über das andere Mal: „Wie wundervoll sind doch die Wege Gottes!" — Dann erst stellte ich meine Frau und meine zwei jungen Freunde vor.

„Nur eine halbe Stunde!" rief ich. „Wir wissen, Sie sind sehr beschäftigt, und wir selbst müssen auch wegen der Versammlung pünktlich in Selma zurück sein." — Eine halbe Stunde in der Gegenwart dieses Gottesmannes zu sein — selbst wenn diese Reise noch so lang und beschwerlich gewesen wäre —, war Entschädigung genug für uns. „Aber haben Sie Zeit für uns?" „Zeit!" rief er, „dafür hat Gott ja die Zeit gemacht."

„Aber waren Sie nicht gerade mit der Blume beschäftigt?" fragte meine Frau.

„Ja, diese Blume wurde mir von Süd-Carolina zugeschickt. Sie leidet an einer besonderen Krankheit, welche sämtliche Blumen dieser Art in jenem Staat bedroht. Nun möchte man gern wissen, ob ich für die Heilung dieser Blume etwas tun kann."

Bei diesen Worten sah er so zärtlich und liebend auf die Blume, wie etwa ein Arzt auf ein krankes Kind schauen würde. Es war ein dramatisches Bild, als er so dastand mit der kleinen Blume in der Hand — ein Mann Gottes und ein Liebhaber von Blumen, ein hochbegabter Wissenschaftler und ein mit Heilkraft ausgestatteter Mensch.

Nicht einer von uns zweifelte daran, daß er die Blume heilen könnte.

Neben Dr. Carver lag ein Stoß von mehr als 3000 Briefen, sämtliche von Opfern der Kinderlähmung. Er hatte sie alle persönlich und dazu noch handschriftlich beantwortet.

„Als ich in Ames war", erklärte Dr. Carver,

„betreute ich eine Fußball- und eine Läufermannschaft. Ich war der offizielle ‚Reiber'. Heute nennt man diese Leute Masseure. Aber damals war man noch nicht so neumodisch, und mein Titel blieb ‚Reiber'. Mir fiel auf, daß in dem von mir benutzten Öl etwas nicht in Ordnung war. Dies veranlaßte mich zum Nachdenken. Als ich nach Tuskegee kam, fand ich, daß die Heilkraft im Erdnußöl viel größer ist als bei anderen Ölen. Ich habe gefunden, daß das Erdnußöl bei sachgemäßer Anwendung in der Behandlung der Kinderlähmung große Möglichkeiten bietet."

Dr. Carver hielt die kleine kranke Blume immer noch in der Hand. Auch uns faszinierte sie, denn wir kamen immer wieder in unserer Unterhaltung darauf zurück. Was würde er wohl tun, sie zu heilen? Zunächst stand fest, daß er sie liebte. Als wir ihn so ansahen, hatte ich das Gefühl, daß wir uns alle fragten, ob das nicht schon die halbe Kur bedeutete. Ich glaube ganz bestimmt, daß dieser Mann die Blumen mehr liebt als irgendein Sterblicher im Laufe der Menschheitsgeschichte. Deshalb fügte es sich wunderbar, daß er nun plötzlich die Unterhaltung mit uns unterbrach und Tennisons unsterbliche Zeilen rezitierte:

"Flower in the crannied wall,
I pluck you out of the crannies; —
I hold you here, root and all, in my hand, —

Little flower - but if I could understand
What you are, root and all, and all in all,
I should know what God and man is." —

„Mauerblümchen, will dich grüßen,
Pflücke dich aus dunklen Rissen,
Halte dich mit Stumpf und Stiel,
Kleine Blume! — Fragen viel'
Drängen sich — Was magst du sein
Samt Wurzeln und den Blüten fein?
Wüßt' ich's, wär' göttlich' Wissen
Und göttliches Erkennen mein.

Als die Trennungsstunde kam, hielten wir uns alle bei der Hand. Jeder sprach ein Gebet, zuerst meine Frau und zum Schluß Dr. Carver.

Auf der Rückreise nach Selma verharrten wir lange Zeit in Schweigen. Seit diesem Tage liebe ich Blumen mehr als je zuvor.

* * *

Mein drittes Zusammentreffen mit Dr. Carver muß als der Höhepunkt aller Begegnungen bezeichnet werden. Unser Freund war von Minneapolis eingeladen worden, bei einem „Kreuzzug für Christus" als Hauptredner aufzutreten. Ein dortiges Hotel hatte in diesem Falle eine Ausnahme gemacht und sich bereit erklärt, ihn, den Neger, als Gast aufzunehmen. Er lehnte das Anerbieten ab und zog es vor, mein persönlicher Gast zu sein. Sein Gesundheitszustand war aber so beängstigend unzuverlässig, daß es eine große Frage war, ob er überhaupt kommen könne. Unter gar keinen Umständen wäre es für ihn ratsam gewesen, in Jims altem Auto zu fahren. Doch auch hier wurde eine Ausnahme gemacht und zwar von dem Präsidenten der Südeisenbahn, der dem Patienten gütigst gestattete, in einem besonderen Abteil zu reisen.

Als die Zeit herannahte, mit dem Kreuzzug zu beginnen, wurde es immer klarer, daß der Erfolg dieses Vorhabens in der Hauptsache von der Ankunft Dr. Carvers abhinge. Alles Interesse und aller Enthusiasmus derjenigen, die kommen sollten, galt vornehmlich dem alten Herrn, von dessen Leben und Wirken sie alle schon gehört hatten. Aber jeder Tag brachte trübere Nachrichten von Tuskegee. Ein Telegramm lautete: „Ich bin heute auf dem Weg zur Post zusammengebrochen. Es scheint sehr zweifelhaft, ob meine Schwäche mir erlaubt zu kommen.“ — Anstatt daß sich derartige Nachrichten verringerten, wurden es ihrer immer mehr. Zuletzt, als die entscheidende Stunde nahte, kam folgendes Telegramm: „Auf ärztliche Anordnung ist es mir verboten zu kommen.“

Ich setzte mich sofort hin und telegraphierte: „Wir umschließen diesen Kreuzzug für Christus mit unsern Gebeten. Es ist nicht unsere Sache, sondern die des Herrn. Er gab die Anregung dazu; er plante das Werk und leitete uns bei jedem

Schritt. Wir legen es in seine Hand. Wenn es sein Wille ist, daß Sie nicht kommen sollen, werden wir dies als Seine Fügung hinnehmen. Nichts ist wichtiger, als daß Sein Wille geschehe. . . . . Ich habe nicht vergessen, daß es der „verkehrte Tag" zu sein schien, als ich Ihnen zum erstenmal begegnete; denn samstags sollten alle Ihre Patienten kommen, ausgenommen wenn es regnete. Aber so gut der Herr damals Regen sandte, so gut kann er jetzt einen Regen zur Gesundung senden, wenn er wünscht, daß wir beisammen sind."

Am ersten Tag der Woche, an welchem die Kreuzzugsarbeit beginnen sollte, erwachte ich morgens um vier Uhr (zur selben Stunde, da Dr. Carver aufzustehen pflegte, um sein kurzes Gespräch mit Gott zu führen) im Gefühl eines meine Seele erhebenden Friedens und mit einer solchen Freude, daß ich buchstäblich vor Glück tanzte. Ich hatte zwar keine Ahnung davon, was sich inzwischen Gutes zugetragen hatte; aber eines wußte ich: Gott war in seinem Himmel, und alles in der Welt hatte seine Richtigkeit. Solch ein Lobgesang ertönte in meinem Herzen, daß ich nicht wieder einschlafen konnte. Ich stand auf und schrieb alle schönen inspirierenden Ideen, die mir wie ein Strom zuflossen, nieder. Später am Morgen kam ein neues Telegramm von Dr. Carver mit der Nachricht, daß in seiner stillen Stunde eine solche Fülle von Heilkraft über ihn gekommen sei und eine so große Zuversicht, daß er alle ärztlichen Anordnungen hintangesetzt habe und schon unterwegs sei. Als am nächsten Abend der Zug einfuhr, suchte die kleine Empfangsgesellschaft ängstlich Fenster und Türen des Zuges ab. Der Letzte, der den Zug verließ, war die hohe, schlanke, etwas gebückte Gestalt Dr. Carvers. Sein Gang war schwankend, und er lehnte sich an seinen Begleiter. Er bat uns auch gleich, als er uns erblickte, ihn nach einer Bank zu führen. Er war sehr schwach, und man mußte ihn stützen, als er ins Auto stieg. Im Stillen wunderte ich mich, wie es ihm möglich sein werde, in einer großen Halle vor zweitausend Menschen zu reden.

Wir kamen glücklich heim. Es war noch nicht sehr spät; aber ich bestand darauf, daß er sich sofort zurückzöge. „Dr. Carver", mahnte ich, „nur nicht eilig morgen früh! Schlafen Sie, solange Sie wünschen." Er sah mich mit weit geöffneten Augen an, und ein feines Lächeln belebte seine Züge.

„Sie wissen", sagte er, „daß ich immer um vier Uhr aufstehe."

So kam es, daß ich für die nächsten zwei Tage das Vergnügen hatte, um diese frühe Morgenstunde mit dem heiligen Manne zu frühstücken, wobei wir uns unterhielten und unsere Herzen im Gebet zu Gott erhoben. So köstlich war dies Erlebnis, daß ich seither zwischen vier und sechs Uhr morgens erwachte und meine Gedanken mit den seinen verband.

Am ersten Vortragstage war seine Stimme so leise und schwach, daß wir befürchten mußten, er würde in dem großen Theater nicht von allen gehört, weshalb wir für ihn besonders starke Lautsprecher anbringen ließen. Wie konnten wir auch wissen, daß seine Stimme in ihrer Kraft und Stärke die größte Überraschung für uns alle sein sollte!

Eine Gruppe Neger-Sänger sollte ein kleines Vorprogramm geben. Ich schlug Dr. Carver vor, erst nach dem Vorprogramm zu kommen; denn das lange Sitzen auf dem Podium würde ihn ermüden, ebenso das Angestarrtwerden durch so viele Menschen.

„O!" rief er, „ich höre mir diese Sänger bestimmt an. Sie waren bereit zu singen und dürften enttäuscht sein, daß ich von dem fernen Alabama gekommen bin und sie nicht einmal hören wollte. Aber ich möchte lieber in der ersten Reihe sitzen anstatt auf der Bühne, bis ich mit meinem Vortrag an die Reihe komme. Und dann", fügte er hinzu, „halten Sie mir bitte die Leute fern, wenn ich meinen Vortrag beendet habe; denn nach einer langen Rede bin ich zu erschöpft, um mich mit irgend jemand zu unterhalten."

Das Vorprogramm beanspruchte Zeit und war ermüdend. Endlich war es vorbei, und ich fand mich vor einem wahren Meer von Freunden stehend, denen ich Dr. Carver vorzustellen die Ehre hatte. Ich begann:

„Das Orakel zu Delphi wurde eines Tages befragt, wer der weiseste Mann der Welt sei. Die Antwort war: Sokrates. Sein eigenes Geständnis lautete indessen: ‚Ich weiß eins ganz bestimmt, nämlich daß ich nichts weiß'. Heute paßt die Frage, wer der weiseste Mann von der Welt sei, auf Dr. George Washington Carver. Auch er weiß, daß er nichts weiß. Er weiß nicht, wer seine Eltern waren; er weiß nicht, wie er hieß; er weiß noch nicht einmal den Tag, an dem er geboren wurde, und vor allem weiß er nicht, wo die Erkenntnis, die er der Welt gibt, herkommt. Alles, was er weiß, ist, daß sein Wissen von einer Macht kommt, die größer ist als er selbst. Ich aber weiß eins ganz bestimmt von Dr. George Washington Carver, nämlich daß er immer eine Blume im Knopfloch und die Liebe zu Gott im Herzen trägt."

Hier erhob sich Dr. Carver und begab sich langsam an den Rand der Bühne, indem er sprach: „Ich bin sehr enttäuscht über Dr. Clarks Einführung. Ich habe nicht den Eindruck, daß er seine Sache gut gemacht hat. Ich freue mich stets über eine Einführung, die mir Gelegenheit gibt, Dinge über mich zu erfahren, von denen ich bisher noch nichts gewußt habe."

Bei diesen Worten brach das Publikum in ein heiteres Gelächter aus, und er hatte es von diesem Augenblick an völlig in seiner Hand.

Zu unserer Bestürzung entfernte sich Dr. Carver vom Lautsprecher und begann seinen Vortrag unabhängig von dieser Einrichtung. Aber zu unserer Verwunderung und Freude klang seine Stimme laut und klar wie Silber, ja geradezu wie Musik, die bis in die fernsten Ecken des riesigen Saales drang. Niemals habe ich eine Stimme von so großer Tragkraft und Stärke gehört. Es war, als ob der Redner verborgene Schwingungen im Äther benützte, die dem Durchschnittsredner nicht zur Verfügung stehen.

„Vor Jahren", fuhr Dr. Carver in seiner Rede fort, „ging ich in mein Laboratorium und sagte: ‚Lieber Herr Schöpfer, bitte sage mir, wozu das Universum geschaffen wurde!'

Der große Schöpfer antwortete: ‚Du willst zuviel wissen für deinen kleinen Verstand. Frage etwas, das mehr zu deiner Größe paßt!' Dann fragte ich: ‚Lieber Herr Schöpfer, sage mir, wozu der Mensch geschaffen wurde!' Wieder antwortete der Schöpfer: ‚Kleiner Mann, du fragst noch immer zuviel. Fasse dich kürzer und drücke dich klarer aus!'

Daraufhin fragte ich wieder: ‚Bitte, Herr Schöpfer, warum hast Du die Erdnuß gemacht?' ‚Das ist schon besser', antwortete der Schöpfer, ‚aber immer noch nicht bestimmt genug. Was willst du eigentlich über die Erdnuß wissen?' ,Mein Schöpfer, kann ich Milch bereiten aus der Erdnuß?' ,Was für Milch willst du haben, gute Jersey-Milch oder gewöhnliche Haushaltmilch?'

,Gute Jersey-Milch!' Daraufhin lehrte mich der Schöpfer, die Erdnuß zu zerlegen und wieder zusammenzusetzen. Durch diesen Prozeß entstanden alle Erzeugnisse aus der Erdnuß."

In langer Reihe entnahm nun Dr. Carver seiner selbstangefertigten Kiste seine Erzeugnisse: Gesichtspuder, Druckerschwärze, Butter, Shampoon, Kreosot, Essig, Salbe für die Entfernung von Kopfschuppen, trinkfertigen Kaffee-Ersatz, Farbstoffe, eine gummiartige Mischung, Seifen, Salate usw. usw.

Diese Vorführung dauerte über eine Stunde. Dann fuhr Dr. Carver fort:

„Der große Schöpfer gab uns drei Reiche, nämlich das Tierreich, das Pflanzenreich und das Mineralreich. Diesen dreien fügte er nun noch ein neues Reich hinzu, nämlich das synthetische." Bei diesen Worten sagte ich zu mir selbst: „Das größte Reich von allen scheint mir das synthetische zu sein!"

Ich hatte vergessen anzusagen, daß nach dem Vortrag niemand den Redner belästigen möchte. Doch in dem Augenblick, als er aufgehört hatte zu reden, strömten Hunderte zur Bühne. Im Nu war das Podium mit Menschen angefüllt, und jeder versuchte, seine Hand zu erhaschen. Mittlerweile war Dr. Carver völlig erschöpft in seinen Sessel gesunken. Niemand schenkte er auch nur die geringste Beachtung.

Viele drangen bis zu ihm vor. Manche berührten nur seine Hand und verließen dann still die Bühne. Andere, rücksichtslos und ohne auf meine Bitte zu achten, versuchten mit ihm zu reden und bestürmten ihn mit Fragen: „Haben Sie schon irgendwelche Bücher geschrieben? Wie alt sind Sie?“ und so weiter. Aber alle diese Fragen ließ er unbeantwortet. Ab und zu richtete der alte Herr sich ein wenig auf und berührte eine Hand, die ihn gestreichelt hatte, und ich nahm an, daß es Leute waren, für die er besondere Sympathie fühlte. Ich mußte mich über eine sehr nette, kleine Frau wundern. Ich sah, wie sie ihm etwas ins Ohr flüsterte. Er nickte mit dem Kopf, nahm die Blume aus dem Knopfloch und gab sie ihr.

Endlich gelang es mir, die Menschenmenge von ihm fernzuhalten und ihn ans Auto zu bringen. Als wir heimfuhren, sagte ich: „Ich bemerkte, daß Sie auf manche Leute reagierten und auf andere nicht. Konnten Sie die Geistigen von den Ungeistigen unterscheiden?“

„O, das ist sehr, sehr leicht“, antwortete Dr. Carver, „es ist die leichteste Sache von der Welt. Ehe ich überhaupt zu sprechen begann, hätte ich Ihnen schon die zwölf aufgeschlossensten Menschen aus der Zuhörerschaft zeigen können. Zum Beispiel die kleine Frau, die meine Blume haben wollte, war eine davon. War es nicht süß, wie sie mich darum bat? Und war es nicht lieb von den Zuhörern, daß sie sich alle vor einem alten Manne wie mir erhoben? Und sie taten es zweimal, als ich den Vortrag begann und als derselbe zu Ende war."

Nicht an diesem Abend, sondern viel später, ehe das Jahr um war, erzählte ich ihm, ich hätte erfahren, daß alle, die seinen Vortrag damals gehört hatten, diesen als den Höhepunkt des Jahres betrachteten. Es war daher kein Wunder, daß alle aufgestanden waren und ihm zu Beginn und am Ende seines Vortrages reichen Beifall gezollt hatten; denn es kommt nicht oft vor, daß eine Stadt von einem so großen Propheten wie er besucht wird.

Das ist alles, was ich meines Erachtens in diesem Artikel berichten kann. Es wäre noch viel zu sagen, aber es geht über den Rahmen dieses Berichtes hinaus. Besonders köstlich waren für mich die kurzen traulichen Stunden und Unterhaltungen, die wir täglich morgens von vier bis sechs Uhr hatten und die gemeinsame Aussprache über Visionen usw. Dann die Abschiedsworte und Gebete, die wir allabendlich zu sprechen pflegten.

Am nächsten Tag fuhr ich Dr. Carver zur Kapelle im „Macalester College". Sein Vortrag daselbst war genau so wundervoll, ja der Eindruck war sogar noch stärker in der kleinen Gruppe als am Abend zuvor bei der großen Zuhörerschaft. Als der Redner geendet hatte, war der Beifall so stark und anhaltend, daß ich mich fragte, ob die nächstfällige Unterrichtsstunde überhaupt beginnen könne. Ich mußte meine Hände erheben, um den Beifallssturm dieser Jugend abzubrechen, und ich rief: „Dr. Carver hat Ihnen noch etwas zu sagen. So groß er auch als Redner ist, größer noch ist er als Gebetsmensch. Zweimal hatte ich Gelegenheit, mit ihm in seinem kleinen Laboratorium zu beten, und diese Erlebnisse bedeuten für mich ein größeres Geschenk, als wenn ich ihn im Vortragssaal reden höre. Ich betrachte es als einen seltenen und unvergeßlichen Vorzug, mit diesem Gottesmann im Gebet verbunden zu sein. Deshalb werde ich Dr. Carver bitten, uns in einem Schlußgebet seinen Segen zu erteilen."

Niemals habe ich eine Zuhörerschaft gesehen, die so still blieb, nachdem der alte Mann sein Gespräch mit Gott beendet hatte. Seine Worte hatten eine Atmosphäre von einer so seltenen geistigen Höhe geschaffen, daß es uns allen war, als ob wir auf einem hohen Berggipfel stünden und in den Himmel schauten. Mitglieder der Studentenschaft sowohl als auch der Lehrkörper haben es immer wieder ausgesprochen, daß das Wunder jener vollkommenen Stille, ihre Macht und Tiefe weder vorher noch nachher jemals wieder in dieser Kapelle erlebt worden sei.

Als wir zum Bahnhof fuhren, sagte Dr. Carver zu mir: „Gestern abend hatte ich auf dem Wege zu unserer Versammlung die ganze Zeit eine kleine weiße Blume in der Hand. Ich sprach zu ihr, und sie sprach zu mir. Sie erzählte mir wunderbare Dinge. Ja, die Blumen haben nie verfehlt, mir die Wahrheit zu sagen. Die Blume kündete mir an, daß eine große geistige Erweckung über die Welt kommen werde. Diese Erweckung würde von Leuten unseres Landes ausgehen, von Leuten, mit denen wir in Verbindung stünden, von schlichten, einfachen Leuten, die wüßten — nicht nur glaubten — nein tatsächlich wüßten, daß Gott Gebete erhört.

Es wird ein großes Erwachen des Christentums sein, nicht ein Erwachen von Religionen. Wir können Religion haben und trotzdem Krieg führen. Was ich meine, ist eine Erweckung zu wahrem Christentum. Sie wird von der Laienschaft ausgehen, von Männern, die ihrer Arbeit nachgehen und die Gott mit in ihre Arbeit nehmen, von Männern, die an das Gebet glauben und die Gott zu einer Wirklichkeit machen für die Menschheit."

Und weil ich weiß, daß George Washington Carver

sich darauf versteht, mit Blumen zu reden; weil ich weiß, daß Blumen sich mit ihm verständigen, deshalb glaube ich, daß seine Prophezeiung in Erfüllung gehen wird.

* * *

Eins von Dr. Carvers Lieblingsgedichten

Figure it out for yourself, my lad,
You've all that the greatest of men have had;
Two arms, two hands, two legs, two eyes,
And a brain to use if you would be wise,
With this equipment they all began
So start from the top and say, "I can."

Look them over, the wise and the great,
They take their food from a common plate,
And similar knives and forks they use,
With similar laces they tie their shoes,
The world considers them brave and smart,
But you've all they had when they made their start.

You can triumph and come to skill,
You can be great if you only will.
You're well equipped for what fight you choose;
You have arms and legs and a brain to use,
And the man who has risen great deeds to do
Began his life with no more than you.

You are the handicap you must face,
You are the one who must choose your place.
You must say where you want to go,
How much you will study the truth to know;

God has equipped you for life, but He
Lets you decide what you want to be.
Courage must come from the soul within.
The man must furnish the will to win.
So figure it out for yourself, my lad,
You were born with all that the great have had,
With your equipment they all began,
Get hold of yourself and say, "I can."

Dichter unbekannt.

Mein Sohn, klügle aus, wie dir's gefällt,
Auch du kamst mit allem auf die Welt,
Was die Größten besaßen, weniger nicht,
Arme, Hände und Füße, das Augenlicht,
Ein Gehirn zu gutem und weisem Gebrauch.
Womit Jeder begann, das wurde dir auch.

Überblicke sie alle, ob Weise, ob Große,
Zu Beginn hatten alle die gleichen Lose,
Sie aßen und tranken genau wie du,
Sie schnürten mit Riemen, wie du, den Schuh;
Die Welt rühmt viele als tüchtig und klug,
Du hattest, wie sie, zum Beginnen genug.

Du kannst triumphieren und Meister sein
Und Großes leisten, der Wille ist dein;
Wohl ausgerüstet für was du wählst,
Ein Gehirn und Glieder, auf die du zählst;
Wohl keiner, der aufstieg zu Größe und Ruhm,
Besaß mehr an Werkzeug und Eigentum.

D U selbst bist das Hindernis, du allein
Machst groß deinen Willen oder klein.

Du nur mußt kennen den Weg und dein Ziel,
Das Wissen sammeln, ob wenig, ob viel.
Gott gab dir das Werkzeug; schaffe damit!
Und baue dein Leben, Schritt für Schritt!

Vom innersten Wesen nur kommt der Mut,
Aus tiefster Seele zum Schaffen die Glut.
Dir ward ein Wille — die Großen der Welt
Hatten nicht mehr — Das ist's, was zählt.
Von Geburt hat keiner mehr empfah'n:
Raff' dich auf, mein Sohn, und sage: „Ich kann.“

2. Teil

Dr. Carvers geheimnisvolle Gabe, mit Blumen zu reden

Dr. Carver und ich waren in der Frühe eines Märztages allein in meinem Hause. Er streckte seine langen, feinfühligen Finger aus und berührte zärtlich eine Blume, die auf dem Tische stand.

„Wenn ich eine Blume berühre“, sagte er mit sanfter Stimme, „so berühre ich nicht nur eine Blume, sondern die ganze Unendlichkeit. Diese kleine Blume existierte lange, ehe der Mensch auf diese Erde kam. Sie wird noch Tausende, ja Millionen von Jahren weiterleben.“

Das ist das Geheimnis seiner Macht, mit Blumen zu reden. Sie sind für ihn nur die Pforte in die Unendlichkeit. Sie sind Fenster, durch die er das Angesicht Gottes sieht. Aber selbst dann könnte er nicht zu ihnen reden und sie nicht zu ihm, wenn er nicht den Schlüssel dazu besäße. Und diesen Schlüssel trägt er in seinem überquellenden Herzen. Es ist ein goldener Schlüssel mit drei Zacken. Wenn einer der Zacken fehlt, ist der Schlüssel nicht zu gebrauchen.

Er liebt die Blumen. Das ist das erste. Es gibt auf der Welt nichts Mächtigeres als Liebe. Liebe ist nicht eine sentimentale Angelegenheit, sondern eine Kraft, welche die Sterne in ihren Bahnen hält. Sie ist ein Magnet, der alle Dinge an sich zieht, selbst die geheimnisvolle Wahrheit, die in Felsen und Steinen ruht. Verbrecher, verhärtete Sünder werden zusammenbrechen und das tiefste Geheimnis ihres Lebens dem enthüllen, der sie aufrichtig und tief liebt. Blumen sind nicht weniger hartnäckig als Verbrecher; denn sie werden und können ihre tiefsten Geheimnisse nicht demjenigen preisgeben, der sich nicht um sie kümmert, der sie nicht liebt.

Ich habe nie jemanden kennenlernen, der Blumen so liebt wie Dr. Carver. Jim Hardwick erzählte einmal von einem Spaziergang, den er mit Dr. Carver unternahm in der Absicht, mehrere Meilen in ein paar Stunden zurückzulegen. Sie kamen nicht weiter als einige hundert Meter. Bei jeder kleinen Blume am Wegrand kniete er nieder, untersuchte sie, machte sie zum Gegenstand des Studiums, redete mit ihr und liebkoste sie. Dr. Carvers Liebe zu Blumen hat etwas so Lebendiges und Schöpferisches, wie es nur der Liebe eigen ist, die in Freude überströmt. Menschen, die einer Liebe fähig sind, die gleichsam wie ein Strahl aus übervollem Herzen hervorbricht, besitzen das Geheimnis in des Wortes tiefster Bedeutung. Und so ist Dr. Carvers Liebe, eine Liebe gepaart mit Freude.

Zum zweiten: Das Geheimnis, daß Dr. Carver

Blumen veranlassen kann, mit ihm zu reden, liegt in der ihm eigenen Demut und Bescheidenheit. Osburn schreibt von ihm: „Wenn auch jeder, der mit Dr. Carver in Berührung kommt, von dem reichen Wissen und dem hohen Geist dieses Mannes angetan ist, wird er wahrscheinlich doch zugeben müssen, daß er niemals einem bescheideneren Menschen hätte begegnen können. Man möchte beinahe sagen, daß er schüchtern sei. Neben seinen hervorragenden, ja geradezu genialen geistigen Fähigkeiten ist die Bescheidenheit sein auffälligster Wesenszug. Niemals hat es einen demütigeren Geist gegeben als ihn.

Dr. Carver besitzt die Gabe des Sichselbstvergessens in einem Maße, die ihn selbstlos und demütig macht. Diese Demut gipfelt in einer völligen Entspannung, die alle ihm sich aufdrängenden Gefühle ablehnt. Vielleicht ist es nicht einmal so sehr die Bescheidenheit als die absolute Entspannung — geistig sowohl als körperlich —, welche diese Demut gebiert, durch welche die Blumen entwaffnet werden, so daß sie ihm ihre Geheimnisse anvertrauen. Um mit Blumen zu reden, muß man so selbstlos und leuchtend werden wie die Blumen. Man muß so entspannt werden wie die Blumen, von denen die Schrift sagt: „Sie arbeiten nicht, auch spinnen sie nicht, und dennoch ist Salomo in aller seiner Herrlichkeit nicht bekleidet gewesen als derselben eins."

Einst fragte ich einen Freund, der ein gutes Urteil hat, wie es zu erklären sei, daß durch Dr. Carver eine viel größere geistige Kraft ströme als durch die meisten andern Menschen. Unverzüglich kam die Antwort: „Er hat weniger Fesseln zu schleppen als andere Menschen."

Das muß wahr sein. Selbst der heilige Franziskus mit seinem Gelübde der Reinheit, der Armut und des Gehorsams ist in seiner Entsagung gegenüber allen weltlichen Dingen niemals weiter gekommen als Dr. Carver. Ohne Sinn für Mammon, ohne Bindung durch Familie, Gesellschaft, Kirche oder Staat, fühlt er sich nur dem Gott der Blumen verbunden. Er ist so frei wie die Blumen, welche sich dem Sonnenschein und Tau hingeben, und weil er ist wie die Blumen, so entspannt und selbstlos, deshalb enthüllen sie ihm ihre Geheimnisse.

Zum dritten ist er von einer ständigen Erwartung erfüllt, Erwartung aus Glauben geboren. Das Wort Erwartung ist an und für sich nicht stark genug für das, was ich sagen will. „Wunder" wäre treffender. Aber auch dieses Wort hat nicht genug Feuer und Kraft. Es ist nicht stark, lebendig und durchdringend genug. Das Wort „Furcht" wurde bei den Propheten des Alten Testaments für diesen Zweck gebraucht. Dieses Wort wird zwar von den modernen Menschen gemieden; es kommt aber dem, was ich sagen will, am nächsten; denn das Wort „Furcht" hat Zähne in sich. Es packt. Sagt doch die Schrift: „Die Furcht des Herrn ist der Weisheit Anfang." Dies ist eine starke Behauptung. Es ist geladen mit geistigem Dynamit. Aber der Begriff „Furcht" muß von den Eigenschaften, die man im allgemeinen damit verbindet, frei sein.

Wenn wir aus diesem Wort alle negativen Elemente herausfiltrieren könnten, dann hätten wir ein Wort, welches das ganze Gewicht unseres Wortes Ehrfurcht (awe) aufwiese. Wenn man zum Beispiel einen Sonnenaufgang in seiner Herrlichkeit beobachtet, so wird man unwillkürlich zu dem Ausruf „Ah!" (Awe) bewegt. Dieser spontane, ehrfurchtsvolle Ausruf ist der Kern und das Herz des „Awe" und ist der Anfang aller Weisheit. Es ist das Wort, das der Verfasser des Buches Hiob wohl im Sinne hatte, nicht aber das Wort „fürchten", als er sagte: „Die Furcht Gottes ist Weisheit."

Wenn man die ungeheure ehrfurchtsvolle Ergriffenheit bedenkt, die einen überkommt beim Anblick der überwältigenden Niagara-Fälle, dann wird man das Gefühl verstehen, das sich Dr. Carvers bemächtigt, wenn er eine kleine Blume betrachtet. Sie ist immer ein Wunder für ihn. Diese Ehrfurcht, beziehungsweise Erwartung, dieses „Ah" hat auch in Bäumen, im fließenden Bach, in Steinen und im Buch der Natur ihren Ausdruck.

Seinem Herzen nach ist Dr. Carver einer der

größten Dichter von der Welt. Man könnte ihn einen Bruder Wordsworths nennen, und er besitzt wie dieser den dreigezahnten Schlüssel, der m die Wunder der Natur erschließt. Die Zeilen, die der englische Dichter schrieb, als er über die Landschaft in der Nähe der "Tintern Abbey" blickte, hätten ebenso gut von Dr. Carver geschrieben werden können.

"With an eye made quiet by the power
Of harmony, and the deep power of joy,
We see into the life of things."

Mit einem Auge, das durch die Macht der Harmonie
Und durch die tiefe Kraft der Freude ruhig wurde,
Sehen wir in das Leben der Dinge hinein.

Der heilige Franziskus war auch einer, der die Stimme Gottes in jedem Baum und Strauch und Stein hörte, der in der Sonne den Bruder und im Wasser die Schwester sah.

Es gab Menschen wie David Livingstone und Georg Müller, die an die Hl. Schrift mit solcher Liebe, Demut und Erwartung herantraten, daß das heilige Buch mit nie versagender Führung zu ihnen sprach. Es gab Männer wie George Fox, Rufus Jones und Sokrates, die auf ihre innere Stimme hörten und fanden, daß Liebe, Demut und Erwartung immer Erfüllung brachten, wenn sie der Stimme gehorchten.

Dante fand den Weg zu Gott durch die Liebe, die Demut und die Erwartung, mit welcher er auf Beatrice schaute. Lincoln fand ihn in seiner engelgleichen Mutter, Orestes im Orakel zu Delphi, die Jungfrau von Orleans in den Engelstimmen, die sie umgaben. Gute Katholiken finden den Weg über die Jungfrau Maria. Andere gute Christen finden ihn über Christus. Menschen, die den dreizackigen Schlüssel besitzen, enthüllen die Geheimnisse des Unendlichen nicht nur für sich selbst, sondern auch für ihre Freunde und Anhänger.

Ich bin mit Menschen zusammengewesen, welche die Sterne in Einfachheit, Demut und Ehrfurcht liebten, und schon allein ihre Gegenwart bewirkte, daß die Sterne auch mir ihre Geheimnisse enthüllten. Ich bin Menschen begegnet, die das Klavier so liebten, daß es mir unter ihren Händen seine Geheimnisse zusang. Lehrer, die ihre Schüler in Demut und voller Erwartung liebten, konnten aus ihnen Wahrheit für sich selbst hervorlocken. Einer, der Homer und Dante liebt, ist imstande, diese Autoren aus längst vergangenen Zeiten gleichsam leibhaftig aus ihren Büchern heraustreten zu lassen, so daß sie mit mir reden. Aber kein anderer, dem ich je begegnete, hat mir die Macht Gottes begreiflicher offenbaren können als Dr. Carver in der Gegenwart einer kleinen Blume.

Daher wüßte ich dies Kapitel nicht besser zu beschließen als mit den eigenen Worten dieses Freundes. Es war gelegentlich seiner letzten Reise nach St. Paul, gerade einige Wochen vor der Veröffentlichung dieses Büchleins, als er in mein Zimmer trat, wo eine Gruppe in einer stillen Gebetsstunde beisammen war und auf ihn wartete. Er setzte sich in unsere Mitte, und auf meine Frage antwortete er dann nicht wie einer, der selber spricht, sondern wie jemand, der laut denkt, oder wie ein Mensch, durch den Gott selbst spricht.

„Wie rede ich zu einer kleinen Blume? Durch sie rede ich zu dem Unendlichen. Und was ist das Unendliche. Es ist eine stille, sanfte Macht. Das Unendliche ist nicht auf die sichtbare Welt beschränkt. Es kommt auch nicht von außen zu uns. Es ist auch nicht das Erdbeben, der Wind oder das Feuer, worin es der Prophet im Alten Testament wähnte. Es ist vielmehr die stille, sanfte Stimme, welche die guten Geister herbeiruft. Nun werden vielleicht die Leute sagen, daß ich nur Worte mache, nur Worte. Aber ich verweise auf den Geist, den noch keines Menschen Auge gesehen hat und der alles menschliche Vorstellungs- und Ausdrucksvermögen übersteigt. Versuche, ihm Ausdruck zu geben! Deine Mühe wird vergeblich sein. Und doch, wenn wir in Gottes wunderbare Welt hineinschauen, fühlen wir überall den Geist. Wenn wir in das Herz einer Rose blicken, dann erfahren wir ihn. Wir können reden und erklären, doch je länger wir reden, desto schlimmer wird es, desto weiter sind wir von der Wahrheit entfernt.

Es gibt gewisse Dinge, oft sehr kleine Dinge, wie zum Beispiel die kleine Erdnuß, ein kleines Stück Lehm, eine kleine Blume, die uns veranlassen, hinter die Dinge zu schauen, und dann ergibt es sich, daß wir in die Seele der Dinge hineinsehen.

Das Auge ist das Fenster der Seele, aber die Seele kann nicht ausgemessen werden; die Seele ist unendlich! — Ich versuche nicht, die Seele zu beschreiben; aber von allem, was wir besitzen, macht nur sie das Leben lebenswert. Denke dir die Seele weg, und wir sind armseliger als die Tiere auf dem Felde. Aber einem Wesen, dem das Leben der Seele eingeboren ist, wie z. B. einer kleinen Blume, kannst du nahe kommen, du kannst in sein Inneres schauen und plötzlich fühlen, daß du etwas hältst, das dich erhebt und weiterführt, das dich den Menschen liebenswert macht, das dich mit Freude am Leben erfüllt und dich froh macht, den Platz auszufüllen, an den Gott dich gestellt hat.

Wie kommt das alles? Weißt du es? Weiß ich es? Aber ich weiß, daß es Menschen gibt, die wie Blumen sind, genau so einfach in ihrer Verbindung mit Gott und so von Seinem Geist erfüllt wie die Blumen. Auch weiß ich, daß es nichts Beglückenderes gibt, als einer solchen großen Seele zu begegnen.

Ebenso weiß ich, daß es nichts Bedauernswerteres gibt als jene armseligen Kreaturen, die sich niemals über ihr kleines Selbst erheben können, Menschen, die nicht von ihrem kleinen ‚Ich' sich frei machen können, Menschen, die mit der Ich-Krankheit behaftet sind, welches die schlimmste aller Krankheiten ist. Im Herzen hat man das größte Mitleid mit diesen Menschen, weil sie so viel Zeit an ihr kleines Ich verschwenden. Sie füllen einen gewissen Raum in der Welt aus, der gerade so gut von einem anderen ausgefüllt werden könnte."

Und als er so sprach, wurde ich plötzlich wieder in meinen Gedanken zurückversetzt in das kleine Laboratorium in Tuskegee. Im Geiste sah ich Dr. Carver wieder die kleine Blume halten, die ihm zur Heilung gesandt worden war, die er streichelte, in die er hineinschaute, und wieder hörte ich ihn Tennisons unsterbliche Zeilen aufsagen:

Mauerblümchen, will dich grüßen,
Pflücke dich aus dunklen Rissen,
Halte dich mit Stumpf und Stiel,
Kleine Blume! — Fragen viel'
Drängen sich — Was magst du sein
Samt Wurzeln und den Blüten fein?
Wüßt' ich's, wär' göttlich' Wissen
Und göttliches Erkennen mein.

3. Teil

Dr. George Washington Carvers Lebensgeschichte

Im Sommer 1855 fuhr der Mann, der später mein Stiefvater werden sollte — er war damals 15 Jahre alt —, mit seinen Eltern und Geschwistern in einem Planwagen von Clarksville im Staate Indiana nach Indianola im Staate Iowa, um sich auf einem Stück Land anzusiedeln, das sie vom Staate erworben hatten. Es grenzte an das Gelände, auf dem jetzt das Simpson-College steht. Fünf Jahre später gab George E. Griffith, dem dieser Platz gehörte und der später alles, was er besaß, für den Bau dieses Colleges stiftete, meinem Vater ein Stipendium für das Iowa "Wesley College". Er war noch im ersten Studienjahr, als der Bürgerkrieg ausbrach. Mein Vater trat in das Erste Iowa-Regiment ein, welches eine hervorragende Rolle in den Kämpfen spielte, die Missouri für die Union retteten. Auf ihren Vormärschen und Rückmärschen kamen die Armeen an der Carver-Plantage vorbei, welche in der Nähe von Diamand Grove im Staate Missouri lag. Die Anwesenheit einer dem Plantagenbesitzer Carver gehörenden Negerin war bei dieser Begebenheit von hoher Bedeutung. Sie war nämlich vom Schicksal dazu ausersehen, in der endgültigen Bestimmung unsrer Nation eine wichtige, aber damals unauffällige Rolle zu spielen. Nachdem die Nordarmeen nach Süden abgerückt und in verschiedene Schlachten um Vicksburg herum verwickelt worden waren, überfielen feindliche Reiter vom Süden her Carvers Plantage und verschleppten die erwähnte Sklavin mitsamt ihrem neugeborenen Kinde. Farmer Carver sammelte sofort eine Gruppe hilfsbereiter Menschen um sich und nahm mit ihnen die Verfolgung des Feindes auf. Die Spur führte nach Arkansas. Doch als die Verfolger die Feinde überholten, war die Mutter des Kindes verschwunden, und sie wurde niemals wieder aufgefunden. Moses Carver schlug zwecks Wiedererlangung des Kindes den Tausch gegen ein altes Rennpferd vor, das einen Wert von 300 Dollar besaß, ein Vorschlag, der vom Feind angenommen wurde.

Wie bekannt, verriet einer vor 2000 Jahren seinen Herrn um 30 Silberlinge, und hier wurde jemand um 300 Silberstücke losgekauft. Niemals haben 300 Dollar dem amerikanischen Volk im Laufe seiner Geschichte einen größeren Gewinn eingebracht. Dies war die erste Krise in George Washington Carvers Leben. Die nächste sollte bald folgen.

Das Bübchen litt an einem schlimmen Keuchhusten. Es erholte sich zwar, blieb aber während seiner ganzen Kindheit ein zarter Knabe. Aber Gottes Hand war sogar hierin fühlbar.

In Anbetracht seiner Schwächlichkeit wurden ihm nur kleine Hausarbeiten zugeteilt. Sonst aber hatte er Gelegenheit und Muße genug, seine Fähigkeiten zu entwickeln, wie sein Instinkt ihn leitete. Nach einiger Zeit entschlossen sich Carvers, dem Jungen, bei dem sich bereits einige ausgeprägte Wesenszüge bemerkbar machten, einen seinem Charakter entsprechenden Namen zu geben. Sein hervorragendster Charakterzug, der einem jeden auffiel, war seine unbedingte Ehrlichkeit in allen Lebenslagen. Deshalb kamen Carvers überein, den Jungen, der niemals die Unwahrheit sagte, George Washington Carver zu nennen. Der kleine George aber war sonst sehr menschlich. Er hat mir manchen seiner kleinen Streiche erzählt, darunter einen, den ich nie vergessen werde. Dr. Carver erzählte wie folgt:

„Vater Carver hatte die Gewohnheit, mit den Hühnern zu Bett zu gehen. Von meinem Bruder und mir wurde erwartet, daß wir zu Hause blieben, wenn es dunkel geworden war. Man hatte uns daher einige Schauermären erzählt von zerschlagenen Köpfen und blutigen Knochen, die uns fangen würden, wenn wir nicht folgten. Aber trotzdem stahlen wir uns doch manchmal in den Garten zu dem Dattelpflaumenbaum. Wenn wir dann unsere

Gelüste gestillt hatten und wieder hineinschlichen, wartete Mutter Carver schon auf uns neben dem mit Weidengerten gefüllten Krug. Sobald sie Anstalt machte, auf mich loszugehen, erhob ich ein großes Geschrei, und sie war dann eher geneigt wegzulaufen, als mein Gebrülle noch länger anzuhören. Kam sie dann aber zurück, so schluchzte ich und stopfte eine Dattelpflaume in meinen Mund. Durch mein Geschrei aber wurde Vater Carver im Schlaf gestört, und er rief herunter: ‚Was stellst du denn mit dem armen Schlucker an?', worauf sie antwortete: ‚Bis jetzt noch gar nichts.' Und er gab ihr den Rat: ‚Nun sieh zu, daß du dem kleinen Knirps nichts antust.' Infolgedessen bekam ich in meinem Leben nur zweimal Schläge, aber nicht etwa, weil ich ein Engel war, sondern weil ich so gut zu schreien verstand. Und diese Dattelpflaumen schmeckten doch so gut."

Der Keuchhusten, der Georges Gesundheit so geschwächt hatte, wirkte sich aber doch auch in seinem Leben zum Guten aus, woraus ersichtlich wird, daß einem Menschen auch aus einer Behinderung Segen erwachsen kann. Seine gütigen Betreuer sahen die Notwendigkeit, ihm reichlich freie Zeit zu lassen, und dadurch gaben sie ihm die Möglichkeit zur natürlichen Entfaltung seiner einzigartigen Anlagen.

Welchen Gebrauch George von seiner freien Zeit

machte, erfahren wir durch den Gründer des Tuskegee-Instituts, Booker T. Washington. Er schreibt darüber folgendes: „Der kleine schwarze Knabe benützte seine Zeit, um in den Waldungen umherzustreifen, wo er bald mit den Insekten und Tieren des Forstes auf gutem Fuße stand und wo er nach und nach, ich möchte sagen persönliche Bekanntschaft mit all den Pflanzen und Blumen machte."

Als er älter wurde, zeigte er ungewöhnliche Neigungen in zwei Richtungen:

„Erstens zog er durch seine Geschicklichkeit und Tüchtigkeit in allerhand häuslichen Arbeiten die Aufmerksamkeit seiner Umgebung auf sich. Er lernte kochen, stricken, häkeln und hatte einen besonders guten Sinn für Farben. Er lernte zeichnen, und in seiner freien Zeit machte er die schönsten Zeichnungen von den verschiedensten Blumen und Pflanzen aller Art.

Zweitens zeigte er eine bemerkenswerte Geschicklichkeit und Intelligenz in der Behandlung von Pflanzen. Zum Beispiel verbrachte er mit dem Sammeln von seltenen und besonders eigenartigen Pflanzen viele Stunden in Wald und Feld. Eines Tages entdeckte jemand, daß er draußen im Gebüsch einen kleinen botanischen Garten angelegt hatte, wo er alle die besonderen Pflanzen betreute. Bald wurde er ein wahrer Sachverständiger in der Kunst, allerlei Dinge zum Wachsen zu bringen, und er legte bei seiner Betreuung der Pflanzen eine solche Geschicklichkeit an den Tag, daß jedermann darüber staunte. Das war auch der Fall bei Pflanzenkrankheiten und Insektenplagen, so daß man ihm den Namen ‚Pflanzendoktor' gab.

Drittens zeigte er ein ungewöhnliches Talent für Musik. Schon als Kind wurde er unter den schwarzen Leuten als Sänger berühmt. Nachdem er alt genug geworden war, für sich selber zu sorgen, ging er einige Jahre auf Wanderschaft. Wo er Gelegenheit fand, arbeitete er in Gärtnereien. Einmal leitete er eine Wäscherei; ein andermal arbeitete er als Koch in einem Hotel.

Sein natürlicher Geschmack und seine Begabung für Musik und Malerei — ja geradezu für jede Kunst — zog die Aufmerksamkeit von Freunden auf sich, durch welche er eine Stellung als Organist erhielt. Während all dieser Zeit lernte der junge Carver, wo immer sich eine Gelegenheit dazu bot. Er lernte aus Büchern, wenn immer er solche bekommen konnte, und er lernte auch viel durch Erfahrung. Überall wo er hinkam wurden die Menschen seine Freunde."

Obwohl die Stiefeltern für die Neigungen ihres Pfleglings volles Verständnis hatten und ihm viel freie Zeit ließen, waren sie nicht in der Lage, ihm für die weitere Ausbildung das nötige Geld zur Verfügung zu stellen. Eines Tages fiel ihm eine alte

Fibel in die Hände, woraus er buchstabieren lernte. Dieses Buch erschloß ihm eine neue Welt, die Welt der Bücher. Er verschlang es buchstäblich, und es blieb bis zu seinem zehnten Lebensjahre die einzige Quelle seiner Bildungsmöglichkeit. Nachher las er alles, was auch nur in seine Hände kam. Im Alter von zehn Jahren bat er um Aufnahme in die einfache Schule eines kleinen, in der Nähe befindlichen Städtchens, von der er gehört hatte. Er verschaffte sich selbst seinen Unterhalt, indem er allerlei kleine Aufträge und Arbeiten verrichtete. Er schlief, wo er gerade ein Plätzchen fand, sein Haupt hinzulegen. Im Verlauf eines Jahres hatte er alles gelernt, was ihm diese Landschule bieten konnte.

Das nächste Ziel war "Fort Scott" im Staate Kansas, wo er sieben Jahre lang als Koch, Geschirrwäscher, Wäschereibursche, Hausmann usw. arbeitete, ehe er endlich das ersehnte Hochschul-Diplom erhielt. Dann kam ein Kapitel von höchster Wichtigkeit für sein ferneres Leben. Er wußte, daß ihm wegen seiner Rassezugehörigkeit alle Colleges des Südens verschlossen waren. Daher wandte er sich an eine Universität im Norden, und zu seiner großen Freude erhielt er eine zusagende Antwort.

Er opferte seine gesamten Ersparnisse für die Reise nach dem Norden, und als er in der Universität vorsprach, wurde ihm eröffnet, daß er nicht aufgenommen werden könnte. Er hatte nämlich vergessen zu erwähnen, daß er ein Farbiger war. Aber Gott fügte es — Dr. Carver betont ausdrücklich, daß es für ihn keinen Zufall gibt —, daß er mit einem jungen Studenten des Simpson-College bekannt wurde, der gerade in jener Universität an einem Sommerkursus teilnahm. Dieser riet ihm, doch ein Gesuch um Aufnahme an das Simpson-College zu richten. Auf diese Weise wurden seine Schritte gen Indianola gelenkt, wo der alte, gütige Herr Simpson, der Mann, der vor zwanzig Jahren meinem Vater durch die Bewilligung eines Stipendiums die Hochschulausbildung ermöglicht hatte, vor kurzem sein Land und all sein übriges Vermögen zwecks Gründung der Simpson-Hochschule gestiftet hatte. Und an diesem Platz wurde der junge Carver mit derselben Freigebigkeit und Weitherzigkeit, die den Gründer dieser Hochschule auszeichnete, willkommen geheißen.

Ist es nicht sonderbar, daß mein Vater sich 20 Jahre vorher als Student freiwillig zum Heere meldete und nach dem Süden marschierte, um Missouri für die Union zu retten und an der Sklavenbefreiung mitzuhelfen, während George Washington Carver, ein farbiger Junge aus Missouri, nach dem Norden wanderte, um sich auf einer höheren Lehranstalt darauf vorzubereiten, den Süden von einer andern Sklaverei zu befreien, nämlich der

Rüsselkäferplage, der Bodenaussaugung durch einseitige Beanspruchung und der hoffnungslosen Verarmung seiner Landsleute?

George kaufte für fünf Cents Welschkorngries und für fünf Cents Schaf- und Ochsenfett, wovon er eine Woche lebte. Eine alte Frau stellte ihm einen Holzschuppen als Schlafstätte zur Verfügung. Er kaufte sich einen Waschzuber und ein Waschbrett und bot sich den Studenten an, ihre Wäsche zu waschen. Dieser alte Holzschuppen wurde aber bald das Mekka und der Sammelplatz der Studenten. Als kaltes Wetter einsetzte, verschaffte sich Carver einen alten Ofen, der das Quartier behaglich wärmte. Dieser Schuppen diente ihm drei Jahre lang als Wohnung. Nach Ablauf des ersten Studienjahres an dem Simpson-College siedelte er nach dem staatlichen College in Ames im Staate Iowa über, wo er sein wissenschaftliches Vorexamen ablegte. Im Jahr 1896 erhielt er seinen Magistergrad. Als er sich auf die Rednerbühne begab, um sein Diplom in Empfang zu nehmen, trug er einen Schillerkragen und einen schwarzen Anzug, den er gerade wegen seiner eisernen Haltbarkeit gewählt hatte. Es war bezeichnend für ihn, daß er sich von dieser Zeit an immer nur schwarze Anzüge von eiserner Haltbarkeit aussuchte.

Wegen seiner erstaunlichen Tüchtigkeit erhielt er eine Professur in der Fakultät zu Ames, eine sehr ungewöhnliche Ehre für einen schwarzen Studenten in jener Zeit, wie auch heute noch.

Zunächst wurde ihm das bakteriologische Laboratorium anvertraut, ein Gewächshaus und die Abteilung für systematische Botanik.

In Ames wohnte damals ein verheirateter Sohn des alten Onkels Wallace von Des Moines, eines intimen Freundes meines Vaters. Der Enkel des Onkels Wallace, der gegenwärtige Landwirtschaftsminister, war zu jener Zeit ein kleiner Junge und wurde später ein getreuer Anhänger George Carvers. Dieser Junge war damals der ständige Begleiter des großen, schlanken Wissenschaftlers vom Süden. Stets war er in seiner Gefolgschaft, wenn der Professor nach seinen Blumen schaute. Oft machte er für ihn lange Streifzüge in den Wald und brachte seinem großen Freund Dinge, die ihm selbst wie eine Entdeckung aus dem Märchenland erschienen.

Eines Tages wurde Dr. Booker T. Washington auf unseren Freund Carver aufmerksam und bat ihn, nach Tuskegee zu kommen. Es war ein Institut, das neue Wege ging, und wenn Dr. Washington ihm auch an Gehalt und Einrichtung nicht viel bieten konnte, so eröffnete er ihm doch große Möglichkeiten, seinem Volke zu dienen. Der Professor konnte sich nicht gleich entschließen; er mußte diese Angelegenheit im Wald mit seinem Gott besprechen. Nach einer Weile kam er zurück und sagte zu.

Seine Ankunft in Tuskegee war bezeichnend für sein einzigartiges und unvergleichliches Wesen. Als der Ausschuß, der ihn begrüßen sollte, an die Bahnstation kam, war der Zug, mit dem Dr. Carver kommen mußte, schon wieder weitergefahren, und kein Mensch war mehr zu sehen. Die Herren dachten, er hätte wohl den Zug versäumt. Plötzlich aber entdeckte einer von ihnen eine schlanke Gestalt, die auf dem Schienenstrang hin und her eilte, von rechts nach links, von einer Seite zur andern, wo gerade eine Blume oder Pflanze stand, die dem Ankömmling neu schien. Diese begeisterte Hingabe, die ihn alle Konvention vergessen ließ und die nichts in ihrem Suchen nach Wahrheit hindern konnte, habe ich auch bei meinen eigenen Studenten als das untrüglichste Anzeichen für Genialität erkannt. Diese Genialität war immer charakteristisch für Dr. Carver.

In seinem neuen Amt wurde er buchstäblich vor die Aufgabe gestellt, auf dem Nichts aufzubauen. Er war der Leiter einer landwirtschaftlichen Abteilung, die nicht mal ein Laboratorium für Unterrichtszwecke hatte. Aber er ließ sich dadurch nicht entmutigen. Sein Assistent Curtis, den er selbst zu seinem Nachfolger ausbildet, äußerte sich darüber: ,,Das erste Laboratorium, das Dr. Carver zur Verfügung gestellt wurde, bestand aus nichts als einer alten Bank, auf der nur einige Apparate standen, die Dr. Carver notdürftig selbst hergestellt hatte. Aus Radkapseln machte er sich Schmelztiegel zurecht; Flaschen, denen er die Hälse abgeschlagen hatte, dienten ihm als Behälter; mancherlei anderes Gerät stellte er aus Dingen her, die er auf dem Abfallhaufen gefunden hatte. Aber heute besitzt er alle erdenklichen Typen von neuesten Apparaten, wie sie in den modernsten Laboratorien zu finden sind."

Nachdem Dr. Carver ein Laboratorium geschaffen hatte, in welchem er seine Studenten unterrichten konnte, war sein nächster Schritt, ein Laboratorium einzurichten, in dem er den ganzen Süden unterrichten konnte.

Bis in die letzten Jahre befaßte sich der Süden nur mit einer einzigen Kultur, die Geld einbrachte, nämlich dem Anbau von Baumwolle. Selbst als das Auftreten des Rüsselkäfers, verbunden mit der Schließung der Märkte, es den Farmern fast unmöglich machte, sich über Wasser zu halten, klammerten sich die meisten noch daran. Sie wußten und kannten eben nichts anderes und schienen auch nicht geneigt zu sein etwas hinzuzulernen, und deshalb war das Farmerleben der Armut und dem Niedergang geweiht.

Die Folge davon war, daß fünfköpfige Familien

mit einem Durchschnittseinkommen von 300 Dollar im Jahr auszukommen versuchten.

Der Abstellung solcher Verhältnisse hat Dr. Carver sein Leben geweiht. Er hat den Fruchtwechsel mit einer Beredsamkeit gepredigt wie kein anderer Apostel dieses Bekenntnisses.

Der Kanzler W. B. Hill von der Universität des Staates Georgia bekannte, nachdem er Dr. Carver gehört hatte: „Es war der beste Vortrag über landwirtschaftliche Fragen, den ich je Gelegenheit hatte zu hören. Seine Stimme, sein gewinnendes Wesen, sein ausgezeichneter Stil, seine geschickten Wendungen und sein Humor machen ihn jedem andern hervorragenden amerikanischen Redner ebenbürtig."

Aber sein Wirken beschränkt sich nicht auf das Rednerpult. Am eindrucksvollsten ist es in seinem Laboratorium und auf den Versuchsgütern, die er eingerichtet hat. Hier war es, wo er zuerst andere wertvolle Erzeugnisse auf 19 Acker Land vorführte. Er übernahm selbst 19 Acker schlechtesten Bodens in Alabama um herauszufinden, was sich für die Steigerung der Erzeugung tun ließe. Das erste Jahr brachte dem Unermüdlichen einen Verlust von $ 16.25 pro Acker. Durch wissenschaftliche Behandlung und Pflege brachte der Boden nach dem ersten Jahr einen Gewinn von $ 4.00 pro Acker. Das weitere Jahr steigerte den Gewinn auf $ 40.00 pro

Acker, und jedes weitere Jahr verzeichnete einen größeren Gewinn.

Die neuen Entdeckungen, die er auf seiner Versuchsfarm machte, riefen ihn ins Laboratorium zurück, um neue Verwendungsmöglichkeiten für diese Produkte zu finden. Durch seine Versuche auf dem Gut und im Laboratorium, die ihn von der Notwendigkeit des Fruchtwechsels überzeugten, hat dieser Mann mehr als irgend sonst jemand dazu beigetragen, den Süden von seiner Monokultur zu befreien.

Seine Hauptarbeit gilt der Erdnuß, zweitens der Süßkartoffel. Diese zusammen mit den Erzeugnissen aus der Hickorynuß, der Baumwolle, den Maishalmen, verschiedenen fasrigen Gräsern und vor allem die großartige Verwendung des sogenannten „Unkrauts“ haben den lange sich sträubenden Farmern endlich die Augen geöffnet für den großen Reichtum, der geradezu vor ihrer Tür liegt. Auf einem noch unvollendeten Bild hat Dr. Carver eine Kaktuspflanze in der Wüste gemalt. Das Bild scheint von symbolischer Bedeutung zu sein für das, was er sein Leben lang getan hat.

Einer meiner Freunde, Harvey Hill, der ebenfalls ein persönlicher Freund von Dr. Carver ist, besuchte das neue "Memorial Laboratory", das unlängst zu Ehren Dr. Carvers erbaut worden ist. Als er mit der Besichtigung fertig war, fragte ihn

Dr. Carver, was in diesem Gebäude den größten Eindruck auf ihn gemacht habe. Harvey Hill erwiderte: „Die Ausstellung der von dem Unkraut hergestellten Erzeugnisse. Am bezeichnendsten für Ihre Arbeit scheint mir zu sein, daß Sie es verstehen, aus landwirtschaftlichen Abfällen und Dingen, die als nicht verwertbar betrachtet werden, nützliche Erzeugnisse zu gewinnen, wie Sie ja auch die Gabe besitzen, in gewöhnlichen Menschen das Göttliche zu sehen."

Die Königliche Gesellschaft in Großbritannien ernannte Dr. Carver im Jahre 1916 zu ihrem Mitglied. Sechs Jahre später wurde ihm in Anerkennung der bedeutendsten Leistung eines amerikanischen Negers in genanntem Jahr die Spingarn-Medaille verliehen.

Im Jahre 1939 erhielt er die Theodor-Roosevelt-Medaille für hervorragende Arbeit, die er im Interesse dieses Präsidenten geleistet hatte.

Als Beitrag zu Dr. Carvers Leistungen für sein Volk im Süden baut und unterstützt Henry Ford eine Schule für die Negerjugend in der Gegend von Ways im Staate Georgia, die den Namen „George-Washington-Carver-Schule für Negerknaben" führt.

Dr. Carver ist auf seinem Gebiet ein ebenso großes Genie wie Edison, Burbank und Steinmetz es in ihrer Tätigkeit waren. Er ist bestimmt das größte Genie, das die Negerrasse jemals hervorgebracht hat.

Dr. Carver kam nach Verlauf eines Jahres noch einmal nach den Zwillingsstädten St. Paul und Minneapolis zurück. Diesmal sprach er nicht über die Erdnuß, sondern über Lehm. Er erzählte, wie er eines Tages einen Spaziergang in die umliegenden Hügel von Tuskegee gemacht hätte und dabei an das Schriftwort „Ich hebe meine Augen auf zu den Bergen, von denen mir Hilfe kommt“ erinnert worden sei. Alle seine Spaziergänge können ruhig als Entdeckungsfahrten bezeichnet werden; denn auch diesmal fand er bei näherer Untersuchung in den Alabama-Hügeln wunderschöne wasch- und lichtechte Farben und Farbstoffe. Zunächst zeigte er eine Ausstellung von Holzbeizen in verschiedenen Schattierungen und feinen Farbenmischungen. Dann führte er eine Gruppe von Gesichtspudern vor in allen denkbaren Mischungen, vom dunkelsten Ton der Brünette bis zum hellsten Ton der Blondine. Zuletzt gab er uns noch einen Einblick in die Entdeckung einer ganz seltenen, reichen, tiefblauen, besonders auffälligen Farbe. „Diese Farbe“, erklärte Dr. Carver, „ist das Ergebnis einer chemischen Gymnastik.“ Dieser Farbstoff hat großes Interesse bei Wissenschaftlern, Künstlern und Ägyptologen erweckt. Der ganz ungewöhnliche Gewinnungsprozeß setzte die Wissenschaftler in Erstaunen. Die Künstler haben ihre Freude an der vielseitigen Verwendbarkeit der Farbe. Ganz besonders aber sind Ägyptologen daran interessiert, weil sie glauben, daß es sich hier um die Wiederentdeckung eines in Vergessenheit geratenen Verfahrens zur Herstellung dauerhafter Farben handelt, wie sie bei den alten Ägyptern verwendet wurden. Die Begeisterung der Ägyptologen darüber kennt keine Grenzen, weil diese Farbe im Grabe des Königs Tut-Ankh-Amon, als dieses vor etlichen Jahren geöffnet wurde, gefunden worden war. Die Farbe hatte nichts eingebüßt an Pracht und Frische; die Jahrhunderte hatten nicht vermocht, ihre Schönheit zu zerstören. Man hatte den Eindruck, als sei sie eben erst aufgetragen worden.

Als Dr. Carver gefragt wurde, ob diese und andere seiner Farben von Dauer wären, antwortete er:

„Warum sollten sie nicht beständig sein? Liegt doch der Lehm schon seit Jahrhunderten unverändert in den Hügeln. Warum sollte er sich jetzt ändern?“

Diese Antwort klingt sehr vernünftig, und wir dürften wohl alle mit dieser Erklärung einverstanden sein.

Und damit kommen wir zum Schluß. Dieser alte Herr, der immer eine Blume im Knopfloch und die Liebe zu Gott in seinem Herzen trägt, hat eine Sendung für Amerika gehabt; er hat sein Leben dem Dienst an seinem Lande geweiht. Was er für Amerika geleistet hat, ist von außergewöhnlicher Bedeutung und wird von Dauer sein. Sein Einfluß wird sich allzeit fühlbar machen.

Einmal sagte Dr. Carver zu mir: „Es besuchte mich einmal ein Herr, und wir sprachen zusammen über meine Arbeit. Als er im Begriff stand, mich zu verlassen, sagte er: ‚Dr. Carver, ich fühle, daß Sie dieses Laboratorium niemals verlassen werden; wenn auch Ihr Körper von hier scheidet, Ihr Geist wird immer hier sein, und wenn Ihr Assistent ein Probiergläschen nimmt und Säure hineingießt, wird Ihre Hand unter die seine greifen und sie stützen.' Das sind schöne Worte, und es dürfte sich wohl so verhalten."

Nachwort

(Glenn Clark)

Starr Daily, Glenn Harding und ich reisten zur Abhaltung von Gebetsversammlungen in alle großen Städte Amerikas. Als wir im Süden waren, faßten wir den Entschluß, eine letzte Pilgerreise zu Dr. Carver zu unternehmen. Ich fühlte, es sollte das letztemal sein, daß ich meinen Freund auf dieser Erde begrüßte. Als wir dann Abschied von ihm nahmen, gebrauchte ich zum ersten Male das Wort „Lebewohl" (Good bye).

Dr. Carvers letzte Worte an mich waren:

„Ich werde auf Ihrer Reise in der Kraft Gottes Ihrer gedenken. Diese dritte Front, die errichtet wurde in der Absicht, alle betenden Herzen zu vereinigen, ist der Anfang einer großen geistigen Erweckung, welche ich vor fünf Jahren prophezeit habe. Ich werde im Geiste mit Ihnen in Washington sein."

Am Abend des 5. Januar 1943 hielten Starr Daily, Glenn Harding und ich die Versammlung der „Dritten Front" in Washington ab. Aus einem unerklärlichen Grund bat unser Dirigent Glenn Harding die Versammlung, den großen „Halleluja-Chor", den sonst nur große Chöre in Konzerten zu singen pflegen, anzustimmen. Es war ein geschlossener und kraftvoller Jubelchor, wie ihn etwa der berühmte St.-Olafs-Chor hierzulande des öfteren schon gesungen hat. Es war, als ob die Engel im Himmel mit uns in den Triumphgesang eingestimmt hätten. Es war um diese Stunde, daß der alte Dr. Carver sich anschickte, im himmlischen Heereswagen seines Gottes heimwärts zu fahren. Noch während Starr Daily zu der Versammlung sprach, war unser Freund schon daheim, und als ich mich erhob, um die Schlußansprache zu halten, fühlte ich, wie eine große Kraft über mich kam. Sie überfiel mich, als ob sie vom Himmel heruntergekommen wäre. Ich wußte, daß ich nicht allein war, und als der Abend beendet war, kamen viele Leute, die dieselbe Rede schon einmal von mir gehört hatten, auf mich zu und versicherten mir, daß sie Ähnliches nie gehört hätten. Diese machtvolle Kundgebung habe alle meine früheren Reden weit übertroffen.

Ja, Dr. Carver hatte sein Versprechen gehalten. Seine Kraft war mit uns in der „Dritten Front". Wir fuhren dann die ganze Nacht im Bus nach Norfolk, damit wir dort zeitig genug zu einer Versammlung ankämen. Am Busbahnhof nahmen wir ein Auto und fuhren zu der kleinen Frau, die unsere Gastgeberin sein sollte und von der Dr. Carver uns gesagt hatte, daß sie die im Geist vollendetste Person sei, der er jemals im Süden begegnet wäre. Als der Wagen vor der Tür anhielt, ertönte plötzlich wie aus dem Himmel herunter eine Stimme im Rundfunk — etwas, das ich nie zuvor in einem Auto gehört hatte — und sagte: „Wir teilen Ihnen mit, daß Dr. George Washington Carver, einer der größten Chemiker der Welt und ein wahrer Gottesmann, gestern abend um 7.30 Uhr in Tuskegee verschieden ist."

Gott schien den Heimgang seines treuen Boten so berechnet zu haben, daß er zum Höhepunkt unsrer Versammlung in der Hauptstadt der Vereinigten Staaten beitragen konnte, und er hatte auch die Nachricht von seinem Tode so angesetzt, daß sie uns erreichte, als gerade eine kleine Gruppe von Freunden Dr. Carvers beisammen war.

Dürfen wir nicht hoffen und darauf vertrauen, daß diese göttliche Fügung, durch die den rechten Leuten zur rechten Stunde von Dr. Carvers Heimgang Kunde gegeben wurde, all jene, die in der Liebe zu Christus verbunden sind, stark macht, das Evangelium auszubreiten, das Evangelium, das Dr. Carver so sehr liebte und nach dem er so vorbildlich lebte, und daß sie es allen Angehörigen unseres teueren Volkes und allen Menschen in der weiten Welt auf die Weise bringen, die Dr. Carver uns gelehrt hat?

* * *

George Washington Carver

(Glenn Clark)

He arose from the black loam of slavery,
Was a brother to weeds, ferns, and flowers,
From them he caught wisps of God's whisper
As he reshaped this sad world of ours.

He gathered the clays from the hillsides,
From the meadows took ragweed and grass,
From the peanut and simple potato
Brought myriad marvels to pass.

He was gentle of speech, sly of humor,
He was humble, simple and wise;
Born a slave, he faced life as a master,
While his Master's light shone through his eyes.

* * *

George Washington Carver

Er stand über dem Zwang der Sklaverei,
War Bruder allem, was wächst und blüht.
Was immer er tat, Gott war dabei;
Die zarte Blume erschloß sein Gemüt.

Die Hügel gaben dem Suchenden Lehm,
Die Wiesen ihm Unkraut und Gras; —
Daß Kartoffel und Erdnuß zur Geltung käm',
Verwandelt er Formen und Maß.

Sein freundliches Wesen besaß auch Humor,
Demütig war er und weise;
Als Sklave geboren, ragt er empor,
Ein Meister — Gott ewig zum Preise.